This Book Comes With Free Bonus Puzzles
Available Here:

BestActivityBooks.com/WSBONUS20

5 TIPS TO START!

1) HOW TO SOLVE

The Puzzles are in a Classic Format:

- Words are hidden without breaks (no spaces, dashes, ...)
- Orientation: Forward & Backward, Up & Down or in Diagonal (can be in both directions)
- Words can overlap or cross each other

2) ACTIVE LEARNING

To encourage learning actively, a space is provided next to each word to write down the translation. The **DICTIONARY** allows you to verify and expand your knowledge. You can look up and write down each translation, find the words in the Puzzle then add them to your vocabulary!

3) TAG YOUR WORDS

Have you tried using a tag system? For example, you could mark the words which have been difficult to find with a cross, the ones you loved with a star, new words with a triangle, rare words with a diamond and so on...

4) ORGANIZE YOUR LEARNING

We also offer a convenient **NOTEBOOK** at the end of this edition.
Whether on vacation, travelling or at home, you can easily organize your new knowledge without needing a second notebook!

5) FINISHED?

Go to the bonus section: **MONSTER CHALLENGE** to find a free game offered at the end of this edition!

Want more fun and learning activities? It's **Fast and Simple!**
An entire Game Book Collection just **one click away!**

Find your next challenge at:

BestActivityBooks.com/MyNextWordSearch

Ready, Set... Go!

Did you know there are around 7,000 different languages in the world? Words are precious.

We love languages and have been working hard to make the highest quality books for you. Our ingredients?

A selection of indispensable learning themes, three big slices of fun, then we add a spoonful of difficult words and a pinch of rare ones. We serve them up with care and a maximum of delight so you can solve the best word games and have fun learning!

Your feedback is essential. You can be an active participant in the success of this book by leaving us a review. Tell us what you liked most in this edition!

Here is a short link which will take you to your order page.

BestBooksActivity.com/Review50

Thanks for your help and enjoy the Game!

Linguas Classics Team

1 - Antiques

```
D N T I B I S A N Z W E F P
D E L R O U M W A N Z U R O
C C C G A H S I R U G U K R
C T H O G W O Z E M E Y C I
U A K U R A G U K F I G J C
H M U N U A H S A B U B U I
T A U Z H L T W Q H D I C G
G Z G N O H S I G I Y N I I
A A L Z T O Q X V G V O M S
I O L M A U M J C E T G Q Z
S G S L A M A F A R A N G A
M K P M E R U T I N R U F F
T E A R A R I N G I N G O R
A L D H M H Y A M A T O R A
```

INGINGO	FURNITURE
KUGURISHA	GALLERY
UBUBASHA	KERA
AMAFARANGA	IGICIRO
ICYEMEZO	UMUNTU
DECORATIVE	KUGARUKA
AMATORA	INYIGISHO
UMWANZURO	NTIBISANZWE

2 - Food #1

```
I U B A P R I C O T B V V B
U G M A J T U N A P L U K D
B A I U R A E P P E A N U T
U M H T K L T Q H M A X G Z
T A S O U I E D I J O D K D
A T P R J N Z Y W Q K Y I U
B A I R M C G A K T O G U C
E I N A N F T U B A S I L I
R N A C O W R R R V I T M N
A D C I L R A G A U N U E N
Z I H A G A G H G R B R O A
Z M X I R V Q K U R N N A M
X U O A D A L A S Y E I F O
S T R A W B E R R Y A P U N
```

APRICOT	PEANUT
BARLEY	PEAR
BASIL	SALAD
CARROT	UMUKIZA
CINNAMON	ISOKO
GARLIC	SPINACH
UBUTABERA	STRAWBERRY
INDIMU	SUGAR
AMATA	TUNA
IGITUNGURU	TURNIP

3 - Exploration

```
A U U F U D S H C Z L I G I
Y M R D E L P A Y H S I G G
N U U R G I I Z I B I T N I
A C R U A W S A M A Y N I K
K O I U M D T R F J O G Y O
U I M O M W Q D D K U I U R
D R I X Z U A S V H B K M W
N I U T B M R N N D U I U A
A T E G C T N I Y A T B N Y
T D J I E E K W M A W A E N
U Q W C M N E C K O A Z Z E
G K W I G A D G N P R O E M
Y H R V G Y O O M D I X R U
D X Y I J C K H U Y N A O K
```

IGIKORWA	URURIMI
INYAMASWA	GISHYA
UBUTWARI	CYANE
UMUCO	IKIBAZO
KUMENYA	UMWANYA
GUTANDUKANYA	KWIGA
UMUNEZERO	URUGENDO
UMURIMO	NTIBIZI
HAZARDS	WILD

4 - Measurements

```
I Z R E G B M O H K U D M U
Q V H L R P Y H D D B Z I B
V L R Q A E O T Y R U S N U
S R T K M R Z V E Z R E U R
C E N T I M E T E R E O T E
K B H E M N M M U T M U E N
I M D A H O E A O T E N I G
L U Y S N V Y R J X R C C A
O B U K P S C G D A E E L N
M U B F T H I O B E Z I V Z
E M P B C N L P S P R M I
T U M W A N D I T S I T G R
E V W C T I O K B A E Z H A
R H O R W G S T L M B K X O
```

BYTE	UBURENGANZIRA
CENTIMETER	UMWANDITSI
ICYEMEZO	MASS
DEPTH	MINUTE
GRAM	OUNCE
INCH	TON
KILOGRAM	UMUBUMBE
KILOMETER	UBUREMERE

5 - Farm #2

```
Y I L N A P M G M W P F J I
F R D A M U Y N I U Y C V N
N R A B M P G Z A R E C D Y
Q I B R I B I E X Y L T P A
K G N N C E J X C T R R P M
U A T A M A L L A M A Y O A
O T U B M I N Y E K B C N S
E I Z O B O Y U M U V N Y W
M O I H Y U M U H I N Z I A
O N I N D R A H C R O C Z W
F L N R T B I W X B Q G V H
D U C K Q A U B O N M J G E
B P J D N R M Q I C O R N A
W J H Q H X X A I Z B F R T
```

INYAMASWA	LAMB
BARLEY	LLAMA
BARN	INYUMA
CORN	AMATA
DUCK	ORCHARD
UMUHINZI	INTAMA
IBIRYO	UMUYOBOZI
IMBUTO	WHEAT
IRRIGATION	

6 - Books

```
J W P J X T U T N U B U O U
O U S W A R A R J O R P L M
V X P U Z A C M W S P I Z U
C A U Q S G P Y A E M E T S
H N T G S I T H A T N X D O
V A N W X C I P E E E Y L M
U R U P A P U R O B P K A Y
R O K R E L E V A N T F A I
U K U M U S I Z I N O V E L
K U I N V E N T I V E L B E
N G I M I T E R E R E W P H
I H I U M W A N D I T S I Q
I N G I N G O K X R K K T V
I N A M A U M W A N Z U R O
```

INAMA	UBUNTU
UMWANDITSI	NOVEL
IMITERERE	URUPAPURO
GUKORANA	INGINGO
UMWANZURO	UMUSIZI
UKUNTU	UMUSOMYI
EPIC	RELEVANT
AMATEKA	INKURU
URWENYA	TRAGIC
INVENTIVE	

7 - Meditation

```
H G I E N K F Z U G Q Y I P
A R N I M Q S Y M U R X E T
M A G U B U Z S U H E O L U
A T I M K I J A N U Z L Z C
G I N U W Z T R T M K O K O
A T G Z I D F E U B H B G R
R U O I G D V M K A I O S O
A D O K A A K E C E C U G H
C E W I P K S W L O R Z Z A
K A N G U K A K X Z K E I M
A Z E N A W G U B U U M Z A
T E K E R E Z A T S F I K O
V D U T U B U F A T A N Y E
I C Y I T O N D E R W A N Z
```

UKWEMERA	TEKEREZA
ICYITONDERWA	UMUZIKI
KANGUKA	KOKO
GUHUMBA	AMAHORO
HAMAGARA	UMUNTU
UBUFATANYE	GUCECEKA
GRATITUDE	IBITEKEREZO
INGINGO	KWIGA
UBUGWANEZA	

8 - Days and Months

```
V T B I R I B A K A W U K M
K Z O G N I Y H S U G U U U
C A Z O B U K U X V B N C T
K A M T U K W A K I R A Y A
U U L E P J G T U R M T U R
K U W E N G X A M E N A M A
W A M A N A K M W Z Y G W M
E N I G G D C Z A N A A E A
Z S K S D A A Y K B K W R Q
I R J Y Q T T R A T A U U P
K N E D E V P A I Q N K R H
W E R U R W E E T N G W J W
I C Y U M W E R U U A W J S
N A L K V O G I C U R A S I
```

MATA	UKWEZI
KANAMA	UGUSHYINGO
CALENDAR	UKWAKIRA
UKUBOZA	NZERI
KU WA GATANU	KU CYUMWERU
MUTARAMA	KU WA KABIRI
NYAKANGA	KU WA GATATU
KAMENA	ICYUMWERU
WERURWE	UMWAKA
GICURASI	

9 - Energy

```
Y E Q I U D I E S E L B D D
C Y N J B E N I L O S A G P
M P D G Q I S I C F I T N O
A O Y G I Y D Y I U F T U L
M R T N W N F U I E O E C L
L T Z O A C E R K L T R L U
M N G R R K B X V I O Y E T
C E X T O N S T U X K B A I
D W V C T G T N V L N I R O
B I G E A T U R B I N E J N
T N M L M U R U G A N D A E
Z D N E A H S U Y H S U G T
K U G A R U K A Y K Z E U J
H Y D R O G E N O B R A C Q
```

BATTERY
CARBON
DIESEL
AMATORA
ELECTRON
ENGINE
ENTROPY
IBIDUKIKIJE
FUEL
GASOLINE

GUSHYUSHA
HYDROGEN
URUGANDA
MOTOR
NUCLEAR
IFOTO
POLLUTION
KUGARUKA
TURBINE
WIND

10 - Chess

```
I  N  G  O  R  A  N  E  H  R  X  X  N  H
U  M  U  K  I  N  O  R  C  L  L  T  O  S
S  M  W  G  V  S  X  E  B  T  S  E  B  O
D  T  A  T  K  O  Z  E  I  M  A  W  M  U
I  U  R  E  O  J  X  R  Y  U  E  S  A  A
A  R  A  A  I  N  G  I  N  G  O  H  T  M
G  U  K  G  T  D  S  M  N  N  S  A  I  A
O  G  U  I  W  E  X  J  I  U  Q  M  G  T
N  E  M  W  B  H  G  S  K  Z  H  P  I  E
A  N  U  K  N  I  L  Y  U  U  F  I  C  G
L  D  M  N  Y  G  Z  A  M  M  A  Y  H  E
H  O  C  M  T  I  N  L  U  U  N  O  H  K
A  M  A  R  U  S  H  A  N  W  A  N  U  O
A  M  A  H  I  R  W  E  U  O  D  I  C  N
```

UMUKARA
INGORANE
SHAMPIYONI
AMARUSHANWA
DIAGONAL
UMUKINO
UMWAMI
AMAHIRWE
UMUKINNYI

INGINGO
AMATEGEKO
IGITAMBO
STRATEGY
IGIHE
KWIGA
URUGENDO
UMUZUNGU

11 - Archeology

```
I  Z  N  A  H  U  M  U  D  R  G  M  Q  O
C  N  Y  F  D  A  I  W  R  W  X  C  E  U
I  A  T  J  J  C  S  F  K  U  A  I  Z  K
V  M  I  E  O  J  U  O  M  I  G  L  K  C
I  A  U  P  G  K  Z  S  Z  E  C  E  T  L
L  F  Q  I  E  O  U  S  R  J  F  R  R  Y
I  A  I  K  O  G  M  I  F  B  A  L  O  O
Z  R  T  I  I  B  A  L  Q  D  T  F  U  M
A  A  N  A  M  A  G  U  F  W  A  T  M  J
T  N  A  N  O  B  U  K  B  U  R  R  W  D
I  G  T  N  A  D  N  E  C  S  E  D  U  M
O  A  L  O  X  E  Q  Z  Q  B  K  I  G  J
N  N  J  E  M  A  G  N  A  B  A  M  A  B
J  W  A  E  V  B  W  I  B  A  G  I  W  E
```

KERA
ANTIQUITY
AMAGUFWA
CIVILIZATION
DESCENDANT
ISUZUMA
UMUHANZI
KUBONA
WIBAGIWE

FOSSIL
AMAFARANGA
AMABANGA
INTEGO
UMWUGA
RELIC
IKIPE
URUGERO
TOMB

12 - Food #2

```
K F V X Q G U G I N K O K O
K I W I M E X X X Y C G D T
M F P V C H Y B K O E N W A
O A C H E E S E V G L I Y M
O M T D K P V C D U E G Q O
R A A A N A N A B R R N Q T
H T E T O R E G G T Y I O S
S D H J I G H V D Q H M C Q
U N W V A H E G G P L A N T
M B I K U R I K I R A H U X
C H E R R Y W I C R D X A B
B R O C C O L I A K L R C M
C P S M D D C B V U Z V H P
V U R I C E H P R Y H V D Q
```

BIKURIKIRA
INGINGO
BANANA
BROCCOLI
CELERY
CHEESE
CHERRY
INKOKO
HITAMO
EGG

EGGPLANT
AMAFI
GRAPE
HAM
KIWI
MUSHROOM
RICE
TOMATO
WHEAT
YOGURT

13 - Chemistry

```
U C I M O T A Z I K U M U C
A M H B F P E O D O N N G A
X L U L A K A R E R E W U R
K I M R O U F Y K A G A S B
G Q T J Y R D A S L O E H O
I U M C V A I W O K R L Y N
O I K X M E N N E A D E U P
N D I C A L V G E L Y C S J
E K U W X C R M O I H T H C
Z N T L X U G D S N B R A S
G Y Z U Y N F P A E I O I R
A T I Y M O X Y G E N N J X
B J Y T M C A T A L Y S T U
F I R P B E M O L E C U L E
```

ACID	HYDROGEN
ALKALINE	ION
ATOMIC	LIQUID
CARBON	MOLECULE
CATALYST	NUCLEAR
CHLORINE	UMURYANGO
ELECTRON	OXYGEN
ENZYME	UMUKIZA
GAS	AKARERE
GUSHYUSHA	

14 - Music

```
A U M U S I Z I H W C Q A I
L E U Q I N O M R A H G M N
B B Q M S W O I C O X J A D
U S F I U T W Y Z I K D B I
M H N Y R Z M M R I U M W R
C A M B O D I A M U Y N I I
I K T M H Z E K U U B W R M
Q A O I C L Y N I H A U I B
U M U R Y A N G O T L M Z O
I G S I L C O Z D Z L E A I
L R Y R G I M P P V A L Y J
P V A U M R R D E M D O B W
E I D M M Y A E P R V D P I
A Y U U N L H R P A A Y L W
```

ALBUM   LYRICAL
BALLAD   MELODY
CHORUS   UMUZIKI
UMURYANGO   OPERA
UBURYO   UMUSIZI
HARMONIQUE   INYUMA
HARMONY   INDIRIMBO
SHAKA   UMURIRIMBYI
AMABWIRIZA   IJWI

15 - Family

```
E W M I D N A V U M A I B K
D B A U O F H R F D N N Y J
L H N O S D N A R G A K U Q
I Q A W E H P E N E W I M U
H A B E C E I N Q V M N U K
C N A A W B O K U M U G K B
D I T M F Z K L I X O I U B
N Y N J J Q M N Y W B R N U
A N C E S T O R E O A R Z N
R P A T E R N A L Y G B I C
G Y I F C J T K L Q U R O L
N Y A K U B A H W A M A J E
S P M X A R I K I R U K I B
E M U L G Y U M U G O R E X
```

ANCESTOR	GRANDSON
NYAKUBAHWA	UMUGABO
MUVANDIMWE	BIKURIKIRA
UMWANA	NYINA
ABANA	NEPHEW
INKINGI	NIECE
UMUKOBWA	PATERNAL
SE	MUSHIKIWABO
GRANDCHILD	UNCLE
UMUKUNZI	UMUGORE

16 - Farm #1

```
F I H E N E J I M B W A B L
U D O W P U F F W A R F J G
I R T A C Q D N H M H T A X
N E U D O N K E Y A A T C I
K Z B B V N H X I F Y N P D
O I M A U M U T N A M L K L
K L I V D G W V G R R I C E
O I N K A E A C U A V Z O I
E T O M S V K M R N W B L F
U R K Y E M N L U G B X F L
B E N D K O I J B A L E V N
D F I Z A M A O E L Y F E Y
R U O J O K J N P U B U K I
S G U B U H I N Z I G Y I V
```

UBUHINZI	FIELD
BEE	FLOCK
CAT	IHENE
INKOKO	HAY
INKA	UBUKI
INKONI	AMAFARANGA
IMBWA	INGURUBE
DONKEY	RICE
URUBUGA	IMBUTO
FERTILIZER	AMAZI

17 - Camping

```
K C O M M A H G I Q Y M X O
U O R I R U M U V D R Z H I
U M M I B I K O R W A G T K
J M U I Z E W K U I N A M A
U R U S S H M Z U N P P B F
R P K R O I G U K O R A A A
W C A T O Z Y N E M D Y G W
A J B R G N I O S N H Z A S
N G I T F C G U R W E N Y A
G U N B M W W O Z N O R I M
O H I F A S X Q E U N T K A
C I H P P Z B R Z P A P I Y
A G K O K O P U Q V C H M N
B A I S H Y A M B A M E H I
```

INAMA
INYAMASWA
KABINI
CANOE
KOMISIYO
IBIKORWA
UMURIRO
ISHYAMBA
URWENYA
HAMMOCK

URWANGO
GUHIGA
GUKORA
IKIYAGA
MAP
UKWEZI
UMUSOZI
KOKO
UMURONGO
IHEMA

18 - Algebra

```
U M U B Y E Y I G Y C E I U
A W R O K I B I R J K V K M
D I A G R A M Y N B H V I U
G F L Y C Q H U O A A Y B R
G K X I R T A M G R M O A O
F O R M U L A U N X O I Z N
U M U B A R E G A U Y S O G
M O Z I G Z T E Y M N L H O
V H N E R R I R R U I I G E
Q B E L R G N E U T K F F F
C Y A N E O I K M I I L K J
Y W V K Y J F A U T O U R Y
Q X P L O D N E G U R U X I
P K Y F C V I U M U N T U Z
```

UMUGEREKA	UMURONGO
DIAGRAM	MATRIX
IBIKORWA	UMUBARE
CYANE	UMUBYEYI
URUGENDO	IKIBAZO
IKINYOMA	UMUNTU
FORMULA	BYOROSHE
UMURYANGO	UMUTI
INFINITE	ZERO

19 - Safety

```
D O N A K E T U M U P I I U
I C D W M Y F W T E Q N G B
V N C T Y A Y T N T Z C I W
Q S T C N I T S N I S I K I
E X D W I A Z E B R M D O S
A W A K A H S U G X Y E R H
K I L Y A R B I Q E F N W I
P O L I S I I N F H K T A N
U U Q Z E Z M G I V B O Q G
H A V O N E I A R E D T N I
O Y Y K E R X R T Y D H M Z
R I J U V U R U O N C P M I
O N U M A B O K H A Z A R D
E R U U Z U S A L X N K N I
```

UBUREZI
IGIKORWA
HAZARD
INTWARI
INCIDENT
INSTINCTS
UBWISHINGIZI

GUSHAKA
AMATEGEKO
UMUKOZI
POLISI
INGARUKA
UMUTEKANO

20 - Spices

```
Z J A K I R P A P K P K U U
K E G K G C C U R R Y U R R
U A I B I O W Z H T L M U U
M L N R T R S B B L S U S K
U C G M U I K K U Z D K E U
K I E L N A Z I K U M U N N
O N R Z G N F A N F M N D D
Z N S B U D K E N U G Z A O
I A A Y R E U I N I T I J Y
M M T I U R N H C N S M T A
C O N Z L R Y F U J E E E L
D N O A K K A U M M Y L I G
A F M H C E Z C I L R A G O
M O M A D R A C N V M B M L
```

ANISE
BYIZA
CARDAMOM
CINNAMON
URUKUNDO
CORIANDER
CUMIN
CURRY
FENNEL
UMUKUNZI

GARLIC
GINGER
NUTMEG
IGITUNGURU
PAPRIKA
URUSENDA
UMUKOZI
UMUKIZA
KUNYAZA

21 - Universe

```
K L M A I L U R U R I M I P
E U X J W R A Z O D I A C O
P U B B U G O T S O L A R U
Y C C O N V N R I Z E W K U
B I O V N I C I B T Q Q B A
I M O A L A L B E I U V U S
A S T E R O I D I Q T D P T
P O H E M I S P H E R E E R
F C U M W I J I M A S Z Q O
T E L E S C O P E S K T N N
S O L S T I C E N W Y N W O
S N Y A S T R O N O M E R M
A T M O S P H E R E K O M Y
G A L A X Y H O R I Z O N R
```

ASTEROID
ASTRONOMER
ASTRONOMY
ATMOSPHERE
COSMIC
UMWIJIMA
GALAXY
HEMISPHERE
HORIZON
LATITUDE

URURIMI
UKWEZI
ORBIT
SKY
SOLAR
SOLSTICE
TELESCOPE
KUBONA
ZODIAC

22 - Mammals

```
Y E K N O M T T R R J U P H
U B E A G N A R A F A M A S
W E F Q N I H P L O D G R F
U H F J O G N Q L Z R C A T
A M A T N I A M U Y N I W U
Z M R L Z O L R B G B I B R
I P I A E S Z I O Y G N M U
Y N G C O Y O T E O O T I K
C H G B J E M S Y G R O S O
O K F I H Z E U R I I R I K
A F U Z N N L P X Z L E Y O
C G W N J G Y Q N E L X P B
F Z V A H I O W C N A I M B
I N T A R E Z E B R A G I R
```

INYUMA	GORILLA
CYIZA	AMAFARANGA
BULL	KANGAROO
CAT	INTARE
COYOTE	MONKEY
IMBWA	URUKOKO
DOLPHIN	INTAMA
INTORE	WHALE
INGINGO	IMPYISI
GIRAFFE	ZEBRA

23 - Restaurant #1

```
I  A  A  J  A  M  G  Y  L  A  Y  H  P  R
I  B  Z  Y  Z  A  E  P  A  M  A  Y  N  I
N  T  I  G  R  N  F  N  O  A  U  B  E  G
G  A  K  R  Q  I  I  I  U  F  B  O  H  U
R  I  U  E  Y  R  N  C  P  A  U  W  C  T
E  F  G  L  C  O  K  Y  A  R  T  L  T  E
D  F  J  L  I  N  M  U  A  A  A  I  I  G
I  J  W  A  P  O  W  S  T  N  Y  P  K  E
E  M  J  J  S  K  L  G  F  G  U  V  A  R
N  M  A  E  C  U  A  S  B  A  M  N  Q  E
T  W  A  Z  J  M  I  N  K  O  K  O  H  Z
S  R  O  E  W  U  N  A  P  K  I  N  N  A
X  W  U  R  U  P  A  P  U  R  O  I  M  U
J  R  B  Y  U  Y  I  G  P  A  L  U  E  V
```

ALLERGY	KNIFE
BOWL	INYAMA
UMUKONO	MENU
INKOKO	NAPKIN
AMAFARANGA	URUPAPURO
UBUTAYU	GUKIZA
IBIRYO	SAUCE
INGREDIENTS	SPICY
KITCHEN	GUTEGEREZA

24 - Bees

```
D J Z X S X Z I Z W J G I F
G U T A N D U K A N Y A N C
T Z Z R Y S E U V T F O D U
X W Y O Y R I B I I V Q A W
G K Q K V S F U G E H Z B A
E A T U G N U Y N I Z J Y X
C H R G R O T A N I L L O P
O K L D O P B A Z M P I T G
S B T M E I Z U B A O T U A
Y S A K V N N G B W L A B H
S N W V Y L Q X Y M L B M U
T C G A T J A O J U E I I N
E W X S R D S H J W N A Q D
M X C N Z M A M A B A B A A
```

INYUNGU	GAHUNDA
GUTANDUKANYA	POLLEN
ECOSYSTEM	POLLINATOR
INDABYO	UMWAMI
IBIRYO	ITABI
IMBUTO	IZUBA
GARDEN	SWARM
VIH	WAX
UBUKI	AMABABA
GUKORA	

25 - Photography

```
G R J R R M L H T B M A J A
H S N T Y W V V I G S M Z M
B M U W U M U K A R A A B U
S D W B T P J S R I U S I A
O T D Y W X L W T N R E N M
R Q L U I W L L R T U Z Y A
U R Q I X U I P O E M E A B
N M E B F X H G P G U R N A
A B W B K G X W I O R A D R
B I G I A R E M A C I N I A
O V I T J C Y I Z A U O K R
S B O G N I G N I R W C O X
I U J O H F M I R E D B U L
B F O R M A T A U M U N T U
```

UMUKARA
CAMERA
AMABARA
AMASEZERANO
UMWIJIMA
BISOBANURO
FORMAT
URUMURI

INTEGO
UMUNTU
PORTRAIT
IGICUCU
CYIZA
INGINGO
INYANDIKO
REBA

26 - Weather

```
F L O R U Z N A W M U O I T
L P B G C M O V M Q R Z N O
A T M O S P H E R E U P K R
C K U F P D I C R V M V U N
I V U V W C M I A E U D B A
P F L M G I V U L N R N A D
O V R R U N U G O A I I X O
R V W C Z K R Q P C K W K Z
T K J L X U A U B I N Z P I
T S G L L R J K C R Z P M W
C C M G P U O W Q R E L E G
A K A R E R E E U U K E L N
K U N Y W A B Z K H Z Q Z G
S K Y P V H E I S O X P P E
```

ATMOSPHERE	UKWEZI
BREEZE	POLAR
IKIRERE	IMVURA
UMWANZURO	SKY
KUNYWA	INKURU
KUMUKA	AKARERE
FOG	INKUBA
HURRICANE	TORNADO
ICE	TROPICAL
URUMURI	WIND

27 - Adventure

```
Q F U T E H Z L D D F W B S
K X M P R G E M M E U X I V
M G U I U P A Y H S I G T N
M A T S G S N K S T W A A Q
O R E Z E N U M U I N I N J
K I K A T X O K O N A G D M
O K A Z I Y B G I A V I U A
K I N A X T U R X T I K K M
X R O G E F U H A I G O A A
L U Q N P Y V C F O A R N H
W K C A E M A O N N T W Y I
K U J T X B E K T I I A E R
W G W U E F X C W E O R F W
E G Q G S U O R E G N A D E
```

IGIKORWA
BYIZA
AMAHIRWE
DANGEROUS
DESTINATION
BITANDUKANYE
GUKURIKIRA
INCUTI

UMUNEZERO
KOKO
NAVIGATION
GISHYA
ITEGURE
UMUTEKANO
GUTANGAZA

28 - Geology

```
F K C R Y S T A L S E C T K
O O C A V E R N Y Z W Y Q R
S M D M D I T V O L C A N O
S E Q U K O R A L Y Q F D S
I Z D M S K K V D J A D F I
L A H Z E T I T C A L A T S
G E Y S E R G B L I S I Q P
P L A T E A U Y U A S R P G
T R Y I W J U V G Y V O F U
E S Q F W B T D V E E A S Y
S T A L A G M I T E S H E I
A C G A C A L C I U M S J W
U M U K I Z A A Q U A R T Z
U M U R Y A N G O I D R H Q
```

ACID
CALCIUM
CAVERN
KOMEZA
KORAL
CRYSTALS
ISI
ISOSI
FOSSIL
GEYSER

LAVA
UMURYANGO
PLATEAU
QUARTZ
UMUKIZA
STALACTITE
STALAGMITES
KIBUYE
VOLCANO

29 - House

```
J B P D M M E G A R D E N U
I C Y U M W E R U F E G S R
D I I W I N D O W C H A H U
I T B S V M S F N W E R I B
D T W W O G N I G N I A N U
F A M O B M A J I A I G G G
S U K N C W O V Q U T R I A
H H R O R R I M H R A I R C
O O D N E G U R U U R E O F
W X L Q I A W O S G A D H I
E P A E U T V O N O K U M U
R I A E R N U K I T C H E N
U R U G E R O R I R U M U K
W G W W X M T M E V X G G I
```

ATTIC	INGINGO
SHINGIRO	KITCHEN
UMUKONO	ITARA
URUGERO	ISOMO
URUBUGA	MIRROR
UMURIRO	URUGO
IJAMBO	ICYUMWERU
FURNITURE	SHOWER
GARAGE	URUGENDO
GARDEN	WINDOW

30 - Physics

```
S  H  T  S  S  A  M  N  B  N  A  Y  C  Q
L  H  A  L  D  F  T  J  U  Y  Y  E  T  J
C  P  A  L  U  M  R  O  F  C  U  D  Q  D
T  I  K  I  N  A  C  E  M  I  L  I  K  W
E  U  M  W  A  N  Z  U  R  O  R  E  D  Z
L  H  K  U  G  U  R  I  S  H  A  T  A  C
U  M  U  B  A  N  O  F  C  O  O  N  B  R
C  F  X  Q  E  S  S  K  U  B  U  N  T  U
E  L  E  C  T  R  O  N  E  N  G  I  N  E
L  G  A  S  H  R  A  Z  U  N  I  M  A  K
O  Q  W  N  G  A  H  H  W  P  J  V  S  S
M  O  A  Q  H  S  C  K  U  K  J  Z  E  P
C  H  I  M  I  C  A  L  R  R  R  N  L  X
D  E  N  S  I  T  Y  H  G  V  U  J  C  L
```

UMWANZURO	KUBUNTU
ATOM	GAS
CHAOS	MASS
CHIMICAL	MECANIKI
DENSITY	MOLECULE
ELECTRON	NUCLEAR
ENGINE	URUHARE
KUGURISHA	UMUBANO
FORMULA	KAMINUZA

31 - Coffee

```
G O O R V C L G Y T W B Q B
H R R T G A I M X Z Y W F I
I A I N S F Q J D Z A A U T
U G C N T F U I P E W C M A
K U I G D E I B X N J I N N
C S G Y Q I D I I P G A O D
Z Y I O D N O T I G U M K U
M S A Y N E O E K L N J O K
B G Q N P O L G C R E A M A
F H U U E Y B A N I S U O N
U M U K U N Z I T Z K L K Y
W W A F M U M U K A R A N E
I G I K O M B E W M M G I J
T X R Y J B Y I Z A Z A E E
```

BYIZA
UMUKARA
CAFFEINE
CREAM
IGIKOMBE
UMUKUNZI
GRIND
LIQUID

AMATA
MUGITONDO
INKOMOKO
IGICIRO
CYANE
SUGAR
BITANDUKANYE
AMAZI

32 - Climbing

```
J X I R I B U M U G G X I V
K O N K P I C A N U F Q M J
L H K E N N U M Y K O T B B
I G O M A G R A O U E V A C
U F K X R O I H N R R F R Q
K R O A R R O U D I E D A X
U Y U I O A S G Z K H M G R
B M U K W N I U E I P N A C
E Y R P U E T R P R S Y S B
S C D P C N Y W F A O Q Q T
H V M I Y B D A T E M L E H
Y R O B D G M O Z V T O S Z
A Q W A Z I R I W B A M A B
D B J U M U H A N Z I R W V
```

ATMOSPHERE   HELMET
INKOKO   KUBESHYA
CAVE   MAP
INGORANE   NARROW
CURIOSITY   UMUBIRI
UMUHANZI   GUKURIKIRA
URUKUNDO   IMBARAGA
AMABWIRIZA   AMAHUGURWA

33 - Shapes

```
C I R C L E T Z Y P B A S Y
I N Y U M A T Q R Y A Y H B
T F O Y I O C N O R T A Z O
L Q K W J Q M X H A W M Z A
A R I Z N I U U D M S I R P
D R K Y Y N H O Z I W T D U
C Z C P W B H D T D W U M M
O I I C Y L I N D E R M X U
R E L L I P S E Y P E U U R
N C J L N N O G Y L O P J O
E N U D C A G U B U R U T N
R K C B N W H R O V A L S G
R G I D E P N U U H Y O O O
C O N E H Y P E R B O L A J
```

ARC
CIRCLE
CONE
CORNER
CUBE
UMUTIMA
CYLINDER
ELLIPSE
HYPERBOLA
UMURONGO

OVAL
POLYGON
PRISM
PYRAMID
URUGENDO
INZIRA
URUBUGA
AHO
INYUMA

34 - Scientific Disciplines

```
N E U R O L O G Y G U S A M
M O A Y I G O L O I S O S E
D V B I O L O G I Y A V T C
J I M M U N O L O G Y G R A
F I S I O L O G I Y A E O N
Y G O L O I S E N I K O N I
O R B O T A N Y K H J L O K
M E T E O R O L O G Y O M I
Q Z O S A N A T O M Y G Y M
D M B A I A O M N D Q I S I
R A Y H Y M Q B E L C Y D R
Y G O L A R E N I M W A C U
A Y I G O L O H C Y S P O R
U B U K U N G U C K J X B U
```

ANATOMY
ASTRONOMY
BIOLOGIYA
BOTANY
CHEMISTRY
UBUKUNGU
GEOLOGIYA
IMMUNOLOGY
KINESIOLOGY

URURIMI
MECANIKI
METEOROLOGY
MINERALOGY
NEUROLOGY
FISIOLOGIYA
PSYCHOLOGIYA
SOSIOLOGIYA

35 - Science

```
T H R E U I R U K U K X L D
S T I S O M K U N F F V A A
F O S S I L U I H F F K B G
S Z Q U D P V B R G F O O T
C O S L I L U N I E B K R C
I T E R A H U R U R R O A H
E I L X T A T O M T I E T I
N W U M U R Y A N G O W O M
T M C K U B O N A Y Y T R I
I U E F S P Q I M P R Q Y C
S H L D S V P F D T U Y H A
T N O I T U L O V E B Q H L
J I M R S M J A D N U H A G
H Y P O T H E S I S I X Y M
```

ATOM	UBURYO
CHIMICAL	MOLECULES
IKIRERE	KOKO
EVOLUTION	KUBONA
UMWITOZO	UMURYANGO
UKURI	URUHARE
FOSSIL	UMUBIRI
HYPOTHESIS	GAHUNDA
LABORATORY	SCIENTIST

36 - Beauty

```
I E E H A W Z U R U C I B I
D G U D N S C I T E M S O C
U R U B U G A T E T P A U P
A B A D F Z L S U D M K Q J
M A S C A R A E O G H I P E
Y E N A Y C A R A B A M A Q
A F A K T K C I T S P I L M
R F R R X S H V A J C G Y I
A M A F O T O I H T W E A R
W M F D N T D S X N Y O D R
D D U V T I A I G O Z U X O
N S B Z D D C M Z F X M H R
I Y U T N U B U A R O K U G
W S H A M P O O G N I G N I
```

INGINGO	MIRROR
AMABARA	AMAFOTO
COSMETICS	IBICURUZWA
AMATORA	IMIKASI
UBUFARANSA	SERIVISI
UBUNTU	SHAMPOO
LIPSTICK	INDWARA
GUKORA	CYANE
MASCARA	URUBUGA

37 - Clothes

```
L F U N U B B B S F S I A B
H T X L R I L E L A K M G C
K E I F W M A O L V I Y H N
O K O S A M A K U T R E G X
G C U H N U R O I S T N W F
E A H S G I O K S L E D N A
J J A A O I P U H A T A E S
E G F Z K D O R A D E I C H
A O F A V H N U T N L K K I
D K R Y B Y O U I A E O L O
I P A N T A R O K S C T A N
T U C U X J P U B U A I C S
Y Q S K K H A B U O R Z E G
P A J A M A S R O D B U F J
```

APRON
BELT
BLOUSE
BRACELET
IKOTI
IMYENDA
FASHION
URUKUNDO
URWANGO
JACKET

NECKLACE
PAJAMAS
IPANTARO
SANDALS
SCARF
ISHATI
URUKOKO
SKIRT
AMASOKO
KUNYAZA

38 - Ethics

```
U X P Y M P T M Z W D D U I
H D F P I F O S O L I F B M
C F H A Z R L I R U P K U P
U B U N T U E M I B L U G A
T D G A Z V R I C U O G W M
N B O G B Q A T A F M A A V
U F X N K Q N P G A A R N U
M Y T A M Q C O A T T A E T
U O A H V R E J U A I G Z H
D M S I U R T L A N Q A A H
O F B W R M Y F I Y U Z W Q
E F Y K W U A G P E E A X V
K Z G R R E K H K U B A H A
U B W E N G E U N E X I Z S
```

ALTRUISM	OPTIMISM
KUGARAGAZA	KWIHANGANA
UBUFATANYE	FILOSOFI
KUBAHA	UKURI
DIPLOMATIQUE	IMPAMVU
UBUNTU	TOLERANCE
UMUNTU	AGACIRO
UBUGWANEZA	UBWENGE

39 - Insects

```
B L Z N Q N G P S G S W F G
I W Q A H B S S E J A R P R
E N C T C I C A D A A O I A
S C K P L K F W A K A Z I S
F T D O T I U Q S O M K Z S
L L E Q K N Y I N A X I T H
E E B H W O C L R B H J C O
A P A V R A L E E C P O P P
T E R M I T E R Q E Y T R P
X Y A G U B Y D A L O A E E
H Q N F Y Y B T M C M X N R
U P T J M L N L U N T H G E
K P J E Y F D I H P A S M L
M A N T I S H I G L K W O I
```

ANT	LADYBUG
APHID	LARVA
BEE	MANTIS
INYUMA	MOSQUITO
CYANE	NYINA
CICADA	TERMITE
INKOKO	WASP
FLEA	AKAZI
GRASSHOPPER	

40 - Astronomy

```
E Z O D I A C L B B P S M C
Q C F O R U Z N A W M U E N
U G A H U N D A Y O W P T I
I N L N M Q K W X U S E E S
N O U H F C X F A D Q R O I
O I B J E S P I L C E N R C
X T E Z Y X T L A G T O A E
S A N Y L U A U G T I V A C
F I E B Z G M Y K S L A P N
V D U R U K O K O W L I N R
J A S T E R O I D C E V Y N
I R C O S M O S F X T Z T U
A S T R O N O M E R A N I P
G S B T U A N O R T S A F D
```

ASTEROID
ASTRONAUT
ASTRONOMER
UMWANZURO
COSMOS
ISI
ECLIPSE
EQUINOX
GALAXY
METEOR

UKWEZI
NEBULA
GAHUNDA
RADIATION
URUKOKO
SATELLITE
SKY
SUPERNOVA
ZODIAC

41 - Health and Wellness #2

```
A E V J B U E I N D W A R A
M G U W Q L N I L Z T N V D
A A P X T P E J R W H O U D
S S E R T S R S N O S I F R
O S E P O D G N P R L T Y N
K A S Y K J Y O S A R A M A
O M T H V N I I A T V R C M
A L L E R G Y T P I I D J I
L N W F I Y N I P B T Y F Z
J V G V J D R R E I A H F U
A N A T O M Y T T A M E K B
K I S S Y I W U I W I D P U
X W S N C C C N T T N Z B J
C I F G X R E N E I G Y H X
```

ALLERGY
ANATOMY
APPETITE
AMARASO
CALORIE
DEHYDRATION
DIET
INDWARA
ENERGY

AMASOKO
UBUZIMA
IBITARO
HYGIENE
MASSAGE
NUTRITION
STRESS
VITAMIN

42 - Time

```
U T N U M U U M U N S I L C
C Y V Z M E P Q I S O K O A
I V U G C Z E B K I Z I J L
Z K W M N K A B U V E C E E
E P I F U H H N U Q M Y G N
W B Z N Q N A R J W E U H D
K S K A Y T S P E T Y M K A
U L V E Z E I I H T C W E R
L Y I O R O J I G Q I E E B
M B E R E A H A N O N R Q D
O X M L A E T U N I M U L T
U M W A K A Z A Z A H O J E
I D K M U G I T O N D O K G
Q P F B D X J F B Q H I F A
```

MBERE
CALENDAR
IKINYEJANA
ISOKO
UMUNSI
ICYEMEZO
KERA
EJO HAZAZA
ISAHA
MINUTE

UKWEZI
MUGITONDO
IJORO
UMUNTU
NONAHA
VUBA
UYU MUNSI
ICYUMWERU
UMWAKA
EJO

43 - Buildings

```
N N F S I N I B A K E G O Y
I N Z A H I T B Y V P I B F
I B R L E T O H E A Y S S T
L K I S M U I D A T S H E Q
A H I T A U C R Q E S Y R E
B O C N A O E M N K A A V U
O S I R A R M S L R B K A R
R T N A R M O T U A M A T U
A E E B C T I N R M E I O G
T L M O V B J C Q R L S R E
O G A N I O I F O E T H Y N
R E W O T U D E K P S U Z D
Y K A M I N U Z A U A R R O
Q S W C S U F K P S C I V W
```

ISHYAKA	LABORATORY
BARN	MUSEUM
KABINI	OBSERVATORY
CASTLE	ISHURI
CINEMA	STADIUM
EMBASSY	SUPERMARKET
URUGENDO	IHEMA
IBITARO	IKINAMICO
HOSTEL	TOWER
HOTEL	KAMINUZA

44 - Gardening

```
B B N J O M K U A G U U G I
G U Z L R D E B I D A M U Y
Q B S A K J S U M R S W R M
U Z L E J A B T C I E I U F
S L B S X N E A D E A H B P
K X Q O R O L K R D S A U E
W V P H P B T A A I O R G J
E M B K I U E I H B N I A J
C U A V Z K U Y C L A K S L
Q L T E A E Q F R E L O C N
G S C N M N U O O T U B M I
I K I N A T O B L Y X J E W
N L T C B Q B F O L I A G E
I K I R E R E D I R T F W A
```

BOTANIKI
BOUQUET
IKIRERE
KUBONA
DIRT
EDIBLE
EXOTIC
FOLIAGE

HOSE
URUBUGA
ORCHARD
SEASONAL
IMBUTO
UBUTAKA
UMWIHARIKO
AMAZI

45 - Herbalism

```
M I C L U R H H A Y J Y G I
C A N D J J I C G E X Y A N
U U R Y R X B M N L B Z R G
L M F J U Y H L I S A B D R
I U E B O N G W H R E C E E
N K D E Z R G Q U A U Y N D
A U L M R F A U G P Q R J I
R N G R E E N M A F I A U E
Y Z F N O G A R R A T M M N
G I E W S E M V R I A E U T
I C N U M U N T U A M S K K
T O N A G E R O F R O O O K
P U E G A R L I C P R R Z Q
K F L M I N T N A W A Q I I
```

AROMATIQUE	UMUKUNZI
BASIL	MARJORAM
INYUNGU	MINT
CULINARY	OREGANO
FENNEL	PARSLEY
URURIMI	GUHINGA
GARDEN	UMUNTU
GARLIC	ROSEMARY
GREEN	UMUKOZI
INGREDIENT	TARRAGON

46 - Vehicles

```
M S E Z E G E D N I A A U J
O U S N S T S T A A D H M I
T B T U G T L W V M I V U U
O M A E R I O T A W B U F S
R A W Y Z U N B R G J M A U
V R R M C D K E A G K U S B
B I U O K J A O C M U K H W
I N G K C T K S K C M U A A
C E U M U S O R O O H N T Y
Y G H E R H D B R W A Z N R
C R A P T L O P S E R I T R
L U M S M E M F B O C S F E
E Y A U X U I A A O Z F A F
U M U Y O B O Z I B C H R K
```

INDEGE	URUKOKO
BICYCLE	UMUKUNZI
UBWATO	SUBMARINE
IMODOKA	SUBWAY
CARAVAN	UMUSORO
ENGINE	TIRES
FERRY	UMUYOBOZI
UMUFASHA	AMAHUGURWA
MOTOR	TRUCK
RAFT	

47 - Health and Wellness #1

```
P R Z C C I N I L C Z E Y U
M M T I L Z U M U Z I K I M
I Y F P R U M N Y Q B N X U
S G B M D V P J W V J L A R
A M I U B U R E B U R E F Y
M U B K O B A C T E R I A A
U G I U O U J R I S R H Y N
R A T Z M R L N B E W T H G
A N J H R U W A A N U C S O
F G B B E Z H A H O M S E C
J A C O Q R G I K M U H B O
V I R U S N A U G R T R U T
I N D W A R A P R O I X K A
A M A G U F W A Y H R M W F
```

IGIKORWA	UMUHIGO
BACTERIA	KUBESHYA
AMAGUFWA	UBUVUZI
CLINIC	UMUZIKI
MUGANGA	FARUMASI
UMURYANGO	INDWARA
HABIT	THERAPY
UBUREBURE	UMUTI
HORMONES	VIRUS

48 - Town

```
I  I  S  O  K  O  K  I  B  U  B  U  X  Z
O  K  D  O  N  L  V  P  R  O  O  J  I  C
B  G  I  Z  A  Z  M  E  Q  R  U  H  I  M
A  E  V  N  B  O  F  E  W  M  V  R  S  L
T  E  K  R  A  M  R  E  P  U  S  E  H  S
I  N  T  R  J  M  T  C  Z  J  A  G  U  T
G  S  I  G  N  V  I  M  L  H  A  E  R  A
I  W  A  M  E  N  I  C  U  I  G  D  I  D
P  E  K  M  E  J  I  E  O  X  N  N  U  I
C  S  R  X  U  M  U  S  E  U  M  I  W  U
G  A  L  L  E  R  Y  R  E  K  A  B  C  M
I  S  O  M  O  J  A  H  O  T  E  L  R  B
H  T  S  I  R  O  L  F  X  Z  Z  B  Q  V
K  A  M  I  N  U  Z  A  U  B  Q  F  U  N
```

INDEGE	ISOKO
BAKERY	MUSEUM
BANK	FARUMASI
IGITABO	ISHURI
CINEMA	STADIUM
CLINIC	UBUBIKO
FLORIST	SUPERMARKET
GALLERY	IKINAMICO
HOTEL	KAMINUZA
ISOMO	ZOO

49 - Antarctica

```
R K U G A R A G A Z A N R R
T I K I G A N I R O V B H E
A B A N Y A R W A N D A G D
P T F X A Y I F A R G O E G
A E O G B A K A R E R E X P
E Y N P G U K O R A R X C G
I Y S I O K X T I N Y O N I
S N D M N G U R U K O K O K
N Z G U C S R A M A S O K O
A D R I P U U A K O M E Z A
Y Q R G N T S L P B N F B Q
I I W F T G O O A H V I C E
S A M A Z I O X M S Y Y S G
I B I D U K I K I J E G Q O
```

BAY
INYONI
AMASOKO
IKIGANIRO
KOMEZA
IBIDUKIKIJE
KUGARAGAZA
GUKORA
GEOGRAFIYA

ABANYARWANDA
ICE
INGINGO
PENINSULA
URUKOKO
SIYANSI
AKARERE
TOPOGRAPHY
AMAZI

50 - Fashion

```
U J S E I N G I N G O B I I
M K V E M W G Z F E B O N N
U Z A U S B A Z I Y C U Y Y
R A R I K I R U K I B T A I
O R I C V Z O O E M T I N G
N O Z N V P K K I K P Q D I
G T N C O A U O M D A U I S
O A I X C N G M S O E E K H
K M J I P E S O Q D D R O O
X A T I G N I K N I A E Y F
P N H V C A D N E Y M I R I
B Y I Z A Y M I J Z H E G N
O I F O G C L F B R A C S S
C M I N I M A L I S T F M F
```

BIKURIKIRA	INGINGO
BOUTIQUE	MINIMALIST
INKINGI	MODERN
IMYENDA	CYIZA
BYIZA	INKOMOKO
AMATORA	GUKORA
EMBROIDERY	INYIGISHO
CYANE	INYANDIKO
UMURONGO	INZIRA

51 - Human Body

```
E A T M A A E L R Y K U T A
L M U N S C I Z E W K U K M
B A A L I A W F U G A M A A
O R E D L U O H S M W P Q T
W A J E U R K K I R U K U W
U S S P K U N G N W K T C I
T O F H U Z O D H E Q A W Z
S I D Z B I W U K S E Z W E
Y G K F O Z B Z V D N K D Z
N E C K K X U P J T Z G G V
B Z I K O T U R U P L S P I
U M U T I M A R A W D N I S
T P U M U S H I N W A M O Y
O P O J Z Z A N K L E H Z J
```

ANKLE
AMARASO
AMAGUFWA
UBWONKO
UMUSHINWA
AMATWI
ELBOW
UKURI
URUTOKI
UKUBOKO

UMUTWE
UMUTIMA
JAW
KNEE
LEG
UKWEZI
NECK
IZURU
SHOULDER
INDWARA

52 - Musical Instruments

```
X E T N O A C B R X S O C B
M A R I M B A L H K R G I A
T S O L U F M K A R B N T S
R A B O M S O I H R Q I B S
O X O D U H G G R S I G S O
M O E N R P N U N I M N L O
B P B A Y B I I X G D I E N
O H A M A Z D T E X F N X T
N O N N N M O A A H A S I E
E N J F G T N R O N A I P P
W E O C O L L E C D C R O M
T A M B O U R I N E H M P U
E W V I O L I N D G Z A D R
F Y B L I N C G W Y D O O T
```

BANJO
BASSOON
CELLO
CLARINET
INGOMA
INGINGO
UMURYANGO
INDIRIMBO
GUITAR
HARP

MANDOLIN
MARIMBA
OBOE
PIANO
SAXOPHONE
TAMBOURINE
TROMBONE
TRUMPET
VIOLIN

53 - Fruit

```
A Y Z D B S H S Q P F J F I
P C D L I W I K S E W Z P D
R H X R K I C B G A V H A O
I E A M U Y N I E R A T P X
C R L C R A V O C A D O A I
O R K Q I N E M L J Q K Y N
T Y O W K A G D R E C N A D
P R S T I N E K K R M G S I
G E N I R A T C E N D R X M
Z U Y G A B Y J G O H A F U
H Y V R G V Z L D U G P I L
K O K O R O H A M A A E G W
V X Y R R E B P S A R V U M
M A N G O D B A Z J E H A W
```

BIKURIKIRA	KIWI
APRICOT	INDIMU
AVOCADO	MANGO
BANANA	MELON
BERRY	NECTARINE
CHERRY	PAPAYA
KOKO	AMAHORO
FIG	PEAR
GRAPE	INYUMA
GUAVA	RASPBERRY

54 - Engineering

```
K V K L K E E N I H C A M C
U P W K U O Z L U M B S T C
B V F S B I W M G X R I W R
A A W J A E N G I N E I Y K
R Z V D K D E P T H A P H R
A B M Z A U R U P A P U R O
D I E S E L M L I Q U I D O
D I A G R A M O E N E R G Y
U M U T U N G O T U Z T X K
I M B A R A G A S O Y S U A
A B A Y O B O Z I B R D R U
A B E K W Q X O X D Q A X T
A W N A K U D N A T U G Z Q
D I A M E T E R W M L H N R
```

ANGLE
AXIS
KUBARA
KUBAKA
DEPTH
DIAGRAM
DIAMETER
DIESEL
GUTANDUKANWA

ENERGY
ENGINE
ABAYOBOZI
LIQUID
MACHINE
URUPAPURO
MOTOR
UMUTUNGO
IMBARAGA

55 - Government

```
A Z N A B U R U G U H I G I
T B U B U R I N G A N I R E
E Q A A M A T E G E K O C G
L E G N E G I W B U N A I K
I O W W Y U B U N T U J V A
Z K T X T A S Y M B O L I U
E E I S E O R O H A M A L M
W G I G M Z B W S J J O V U
K E N J A R E B A T U B U Y
U T N F A N W M E N D Y U O
K I C S H M I B H E D F I B
O K I P B M B R K G K A U O
P S F Y J G Y O O J D X X Z
D E M O K A R A S I D A T I
```

ABANYARWANDA   ITEGEKO
CIVIL   UMUYOBOZI
AMATEGEKO   UBUNTU
DEMOKARASI   UKWEZI
IKIGANIRO   IGIHUGU
UBURINGANIRE   AMAHORO
UBWIGENGE   IJAMBO
URUBANZA   LETA
UBUTABERA   SYMBOL

56 - Science Fiction

```
G R O O V C P I S I U A D F
C F P W B D X S L R R M Y U
G K U Q V A I P O T U A S T
M P I U J E T J I F G B T U
U M U K U N Z I A L E W O R
T E K E R E Z A B Z R I P I
C H I M I C A L S I O R I S
A G C I N E M A X O V I Y T
H T A C Y A N E A B E Z A I
G S O H S E F Y X A L A G C
V E T M U V I W D M C R A J
I Y O F I N V X N C A J O N
Q I P V E C D Z S T R S E V
U M U R I R O A L O O R E F
```

ATOMIC
IBITABO
CHIMICALS
CINEMA
DYSTOPIYA
CYANE
UMUKUNZI
UMURIRO
FUTURISTIC

GALAXY
URUGERO
TEKEREZA
AMABWIRIZA
ORACLE
GAHUNDA
UTOPIA
ISI

57 - Geometry

```
D I A M E T E R A C N K J D
U M U T I M A O S N V G W I
D M U E K P W G U L G A A M
I H O R I Z O N T A L L R E
V N E A G J X U R M E X E N
A E K B O A I T G U L M S S
K W S U L R B U Z Y L R Y I
Y U K M R G R M G N A B M O
C Z B U L U T U O I R C M N
J X A A X B H V J N A I E W
W D A W R O K I B I P R T G
B I R E O A M A S S O C R W
U M U T E K A N O T Z L Y B
T I N G I N G O R K H E N M
```

ANGLE	MASS
KUBARA	UMUBARE
CIRCLE	PARALLEL
UMUTIMA	UMUTUNGO
DIAMETER	INGINGO
DIMENSION	UMUTEKANO
IBIKORWA	SYMMETRY
HORIZONTAL	INKURU
LOGIKI	INYUMA

58 - Creativity

```
Z I T B I D A S A N Z W E E
L Z K U B U F A T A N Y E X
Q N U I K U G A R A G A Z A
O A G B N K S H N U O X O W
K H T U U A T E K E R E Z A
U U E J H N M X B W A I E G
M M H B R I T I M S M N K N
V U O S B Q N U C H A V E A
A E H H B V V D H O K E R H
O L S R E T W Y U H A N E U
E M U J Q I J Q L K L T Y B
J J H P R P K M P C A I C U
I N S P I R A T I O N V I W
N I I U B U B A S H A E I D
```

UMUHANZI	ISHUSHO
UBUBASHA	TEKEREZA
GUHINDUKA	INSPIRATION
UBUFATANYE	INVENTIVE
IKINAMICO	UBUHANGA
KUGARAGAZA	BIDASANZWE
KUMVA	ICYEREKEZO
UBUNTU	AKAMARO

59 - Airplanes

```
J D A B A T U R A G E L I U
M W E R C I E W N S K Y P B
O I E S K T N T O L I P Y U
M C S C I R I A O J K S U R
E N I P E G G C L E U F Z E
R Z B Q E R N R L Q B L L B
K U B O N A E A A M A N I U
D J X D E T Z H B D K O U R
Z E F R O U V G P E A N N E
P A S S E N G E R S B C B Q
U J W A Z R K F N C O E B I
E A O H I R V U X E D M F M
B N E G O R D Y H N B F T P
T K F E W Q A K E T A M A A
```

INAMA	FUEL
AIR	UBUREBURE
ATMOSPHERE	AMATEKA
BALLOON	HYDROGEN
KUBAKA	KUBONA
CREW	PASSENGER
DESCENT	PILOT
DESIGN	ABATURAGE
ENGINE	SKY

60 - Ocean

```
O C T O P U S B H J T I A C
I N K U R U S P K R U N N V
T E H D Z R B L I U R Y O L
N P S K I O C E J J T A Q O
I M I R A B A R U L L N Z P
H I F A Z I N U A B E J R L
P R Y H I Y U M V B W A E S
L H L S K K T U X Q M A E S
O S L Z U O P V A O U V T O
D Q E T M L Y U X A L C F O
E Q J P U U T G T M C V K C
E R K O R A L I P A V H W S
R E T S Y O U Z B F E R B X
U E L A H W Y I J I A X W G
```

UBWATO	UMUKIZA
KORAL	INYANJA
CRAB	SHARK
DOLPHIN	SHRIMP
EEL	UMUVUGIZI
AMAFI	INKURU
JELLYFISH	TUNA
OCTOPUS	TURTLE
OYSTER	IMIRABA
REF	WHALE

61 - Force and Gravity

```
K U G U R I S H A H Q A I L
I K I N A C E M J L A Z N E
G A Y N A K U D N A T U G G
I M S I T E N G A M I N I A
H O G N U T U M U R N I N H
E G U M U B I R I K H M G U
F N K Z N A W A N J A A O N
E I D I G U R Q X G E K G D
O R B I T E B I L V C L I A
O G Y L O Z A G N A T I K M
Y E V V J R X I J A A J I J
I M V U G O I O I U G C R Z
Q A M U Q H S Q E V B U Z J
A O U M U V U D U K O U K U
```

AXIS	INGINGO
IKIGO	ORBIT
KUGANIRA	UMUBIRI
GUTANDUKANYA	GAHUNDA
INGOMA	ITANGAZO
KUGURISHA	UMUTUNGO
IMVUGO	UMUVUDUKO
MAGNETISM	IGIHE
MECANIKI	KAMINUZA

62 - Birds

```
O E D T H O F A S V I O N K
F A M U Y N I L M N M C N R
X G O G E A U P A A J G S V
Y L T O L W B E H M H O G B
D E X O L S U L Y P I O U Z
N O Q S T L B I H E I N R L
X N V E D A I K C N N A G O
O B M E O Y K A I G K C G O
L A D U C K O N R U O U E X
I N K O N I F I T I K O E K
C U C K O O C B S N O T G U
Y R V G P A R R O T D W Y H
I N T W A R I H F I A C C U
O B H B T V S T C A N A R Y
```

CANARY	INTWARI
INKOKO	OSTRICH
INKONI	PARROT
CUCKOO	AMAHORO
DOVE	PELIKANI
DUCK	PENGUIN
EAGLE	INYUMA
EGG	UBUBIKO
FLAMINGO	SWAN
GOOSE	TOUCAN

63 - Art

```
S N I X N M E Y A T O T W X
Y Y G X Q V O C E R A M I C
U S M O U A N O B U K Y B X
Z U M B I C D W D U Z Q Z I
U R Z H O G N A Y R U M U N
Y R K O H L A M A S O M O K
E E I N S P I R E D R R P O
V A O U M U S I Z I P M R M
I L G K U G A R A G A Z A O
S I N H G I M D W Y T P M K
U S I S T U U M U N T U E O
A M G G J T Y A K S B P Z F
L I N Y A N G A M U G A Y O
D Q I R Z D Z A M E O C J J
```

CERAMIC	KUBONA
YUZUYE	UMUNTU
UMURYANGO	UMUSIZI
KUGARAGAZA	AMASOMO
INYANGAMUGAYO	INGINGO
INSPIRED	SURREALISM
MOOD	SYMBOL
INKOMOKO	VISUAL

64 - Politics

```
K M P G I N T S I N Z I L L
O I Y E O I L C L F J U Q E
M K G R M G A M U J A H N T
I I E I A M A N I E W C D A
T T T N T A B A T U R A G E
E I A A I E A W Q Q O S C I
U L R G H B K S U U K X A M
H O T N L Y F E C W I M M Y
O P S I W Z A W R B G R P I
I U K R G M Q C H E I U A T
O X X U G U H I G I Z G I O
P Y W B I M I S O R O O G Z
G P I U T N U B U G P N N O
U M U K A N D I D A B G H S
```

IGIKORWA
CAMPAIGN
UMUKANDIDA
HITAMO
KOMITE
INAMA
UBURINGANIRE
IMYITOZO
UBUNTU

LETA
IGIHUGU
IGITEKEREZO
POLITIKI
ABATURAGE
STRATEGY
IMISORO
INTSINZI

65 - Autumn

```
U M U N S I M U K U R U O U
S O X U N A E D Z H T J K M
C T U M E V R Q A C O R N U
E H I O Q W E I U O A X N R
Y Z E C M A R G F I D Z P I
I W B S G L I Q K T N R E R
I I C O T A K U N B E O Z O
U C V U T N I R A K Y H X H
M I Y J T O U A K U M I W K
U N Q E S S P T M Q I U D K
K Y A C M A W A S N G I P O
A U G U K E O R C H A R D K
R M U C K S Z U K W E Z I O
A A P Y T M E O J U K Q F V
```

ACORN
CHESTNUTS
IKIRERE
IMYENDA
ICYEMEZO
EQUINOX
UMUNSI MUKURU
UMURIRO

UMUKARA
KWIMUKA
UKWEZI
KOKO
ORCHARD
SEASONAL
INYUMA

66 - Nutrition

```
U  T  N  U  M  U  N  Y  K  D  C  K  P  D
M  O  Z  I  Y  S  H  W  Z  Y  A  N  F  I
U  U  N  T  V  N  Z  W  B  B  R  U  E  E
K  A  E  L  B  I  D  E  F  Y  B  T  R  T
U  U  A  P  R  E  N  Y  D  I  O  R  M  U
N  A  P  P  E  T  I  T  E  Z  H  I  E  M
Z  X  Z  P  C  O  X  U  C  A  Y  E  N  U
I  T  K  I  U  R  O  B  N  V  D  N  T  V
O  O  R  J  A  P  T  U  A  I  R  T  A  U
V  V  B  C  S  A  B  Z  L  T  A  A  T  G
E  S  F  Z  O  O  P  I  A  A  T  B  I  I
I  N  G  I  N  G  O  M  B  M  E  B  O  Z
J  S  E  I  R  O  L  A  C  I  S  R  N  I
I  N  Y  I  G  I  S  H  O  N  R  F  F  H
```

APPETITE	INGINGO
BALANCED	UBUZIMA
BYIZA	NUTRIENT
CALORIES	PROTEINS
CARBOHYDRATES	UMUNTU
DIET	SAUCE
INYIGISHO	UMUVUGIZI
EDIBLE	TOXIN
FERMENTATION	VITAMIN
UMUKUNZI	

67 - Hiking

```
I N Y A M A S W A M U Y N I
P Z Z I C Y E R E K E Z O U
B R O D I Z U B A D R A C M
T K L S S X I N A N U M U U
O O O S U A M A Z I G A C K
T M P B R M K J F L E B T O
V S N J U B U O E H T U W N
B D R G J O K O K N I Y F O
E R E R I K I B A O G E Z P
S A N O V W M O M A W O D U
R Z M E Q R A N A D A Z U L
M A C V P B P L C L Y G U F
E H S W X J S K N I M Y C Y
C A G T A Z I R I W B A M A
```

INYAMASWA	ICYEREKEZO
INKOKO	ITEGURE
UMUKONO	AMABUYE
IKIRERE	INCAMAKE
AMABWIRIZA	IZUBA
HAZARDS	UMUNANI
IJURU	AMAZI
MAP	INYUMA
UMUSOZI	WILD
KOKO	

68 - Professions #1

```
S C U P U M U Z I K I M Q A
A Z M S R E L E W E J U U S
U A U Y E N R O T T A G M T
M C K C B S O G S D Z A U R
U C O H M O G I I S O N F O
B Y Z O U G X H G K T G O N
Y U I L L U Y U O B U A R O
I M H O P N I M L A M E O M
N U Q G I I M U O N U V M E
O K O I Y H A T E K S L O R
Q U D S G Y T N G E L W P H
J N S T M W F A I R D N Q Y
P Z V K R O D A S S A B M A
C I U M U S A R E S T M Z V
```

AMBASSADOR
ASTRONOMER
ATTORNEY
BANKER
UMUKUNZI
UMUTOZA
UMUBYINO
MUGANGA
GEOLOGIST

UMUHIGO
JEWELER
UMUZIKI
UMUFOROMO
PIANIST
PLUMBER
PSYCHOLOGIST
UMUSARE
UMUKOZI

69 - Barbecues

S	B	O	G	I	H	U	M	U	B	E	S	C	C
A	N	Y	I	R	I	C	Y	U	M	W	E	R	U
U	Y	R	V	M	I	X	D	L	D	N	V	U	A
C	A	I	C	L	B	L	B	P	I	R	I	M	M
E	O	B	N	K	Z	U	L	W	N	M	N	U	A
O	N	I	K	I	M	I	T	L	N	S	K	R	F
E	N	K	W	K	C	J	V	O	E	E	D	Y	A
Y	P	I	I	N	C	U	T	I	R	F	Q	A	R
M	V	Z	D	T	O	M	A	T	O	E	S	N	A
T	F	U	B	F	A	Z	I	K	U	M	U	G	N
P	U	M	C	J	B	S	I	S	M	C	X	O	G
N	O	U	S	Z	A	J	A	Y	Z	E	X	F	A
Z	O	K	O	K	N	I	F	R	A	L	A	Z	F
M	W	H	H	C	A	S	A	L	A	D	S	O	X

INKOKO
ABANA
DINNER
UMURYANGO
IBIRYO
AMAFARANGA
INCUTI
IMBUTO
IMIKINO

GRILL
UMUHIGO
KNIVES
UMUZIKI
SALADS
UMUKIZA
SAUCE
ICYUMWERU
TOMATOES

70 - Chocolate

```
U Z A Q I K W P B A X F A C
S U G A R N U H U Y W Z D A
U E A O P I G N Q M I R N L
O F R B J D I R Y V U H A O
I C A X N J N R E A H N W R
C N B U K J I P U D Z T R I
I T M M B E R C K P I A A E
L C I U M A D P U T N E Y S
E C I N C A B B N P C Z N N
D D C T W P C N D Q U L A T
M I L U O J G P A Z I Y B C
K O K O L X K U B O N A A U
W P I K G N E I V T A S T E
N R Z S B U M U K U N Z I H
```

BYIZA
CALORIES
KOKO
DELICIOUS
EXOTIC
UKUNDA
UMUKUNZI
INGREDIENT

ABANYARWANDA
IMBARAGA
UMUNTU
KUBONA
SUGAR
KUNYAZA
TASTE

71 - Vegetables

```
P B I C U C U M B E R M W V
Q A Y G B R A D I S H U T P
K E R W I G U T G I C S O W
G P J S B T Z P N Z E H M T
O V R V L J U S X N L R A M
S A L A D E F N I U E O T S
W J T Z Y D Y P G K R O O P
B R O C C O L I U U Y M W I
I B R E G N I G V M R L I N
Z P R G N M Z A T U P U W A
W R A Q S Z F R M D I K Y C
O S C D Y T O L L A H S I H
I N G I N G O I I P U A F N
C Z U R S T F C T U R N I P
```

INGINGO	PARSLEY
BROCCOLI	PEA
CARROT	PUMPKIN
UMUKUNZI	RADISH
CELERY	SALAD
CUCUMBER	SHALLOT
GARLIC	SPINACH
GINGER	TOMATO
MUSHROOM	TURNIP
IGITUNGURU	

72 - The Media

```
K I N T E L L E C T U A L Z
A U E A M A F A R A N G A T
K R M A M A F O T O L C S M
A U A U U B U R E Z I Q W Q
R K H T R I C T D M S L F T
E A U N V O H S U H S A M A
R M R U J G N N I Y V T L R
E A U M A N B G A X X I O O
V O M U Q I S U O Y E G Q T
M L G E S G R A D I O I W I
K G I N F N N U U J S D P O
U K U R I I Z U R U C U B U
U R U G A N D A Y J G L K G
M L G U S H Y I K I R A N A
```

INGINGO
UBUCURUZI
GUSHYIKIRANA
DIGITAL
ITORA
UBUREZI
UKURI
AMAFARANGA
AMASHUSHO

UMUNTU
URUGANDA
INTELLECTUAL
AKARERE
AMAKURU
KUMURONGO
AMAFOTO
MU RUHAME
RADIO

73 - Boats

```
N D B H T Z T S A M B P E M
K A B A R I M I N J H Q N G
R M U Y A C H T C D R M G T
K I P T F A R U H F S L I C
O Z C I I W V H O I B Q N A
P U C K E C O P R N L W E N
V B D A T B A L K Y C Y A O
I U X Y G H L L D A M R L E
L K Z A A R X N O N S R E B
O E I K N M D U C J O E Z W
D U L Y O U B F E A G F P W
U I X B A D E R A S U M U V
E J S K J G O G N O R U M U
U B W O K O A C K F U S R J
```

ANCHOR	NAUTICAL
BUOY	OCEAN
CANOE	RAFT
CREW	URUGO
ENGINE	UMURONGO
FERRY	UBWOKO
KAYAK	UMUSARE
IKIYAGA	INYANJA
UBUZIMA	IMIRABA
MAST	YACHT

74 - Driving

```
M T Q I U T D E G A R A G I
J R I N M Z S D H A H Q S M
A U V N U H U V U F S W H O
M C S E K A R B G Y E N O D
M K R K U P O L I S I F R O
W O E S N E S I L O L O O K
D Q T H Z A C C I D E N T A
M A N O I Z X A O N U A O D
A S N M R U Y Y L E F K M N
P B L G F C E N V G F E H A
E Z X N E Q Y M Q N N T P H
U U W H F R F C F I B U X U
I N Z I R A M D L O R M U M
U M U V U D U K O E G U B U
```

ACCIDENT
BRAKES
IMODOKA
DANGER
FUEL
GARAGE
GAS
LISENSE
MAP
MOTOR

MOTORCYCLE
UMUKUNZI
POLISI
INZIRA
UMUTEKANO
UMUVUDUKO
UMUHANDA
INGENDO
TRUCK

75 - Professions #2

```
S G B Q E B C F T V U G B K
U A I T S I T N E D M C G K
R R O U B V K Y F U Z U P
G D L A M I T M G Q B S L O
E E O N W L R E E N I G N E
O N G O A I M I R U R U A S
N E I R N Y G O T T I A U J
I R S T Z A G N I H S U M U
N F T S U U M U K U N Z I L
A M O A R U M U H I N Z I I
G R L T O U M W A R I M U H
U Z I N O I R A N G I Q U E
M A P R V Z O O L O G I S T
U M U N Y A M A K U R U M V
```

ASTRONAUT	BIBILIYA
BIOLOGIST	URURIMI
DENTIST	IRANGI
UMWANZURO	UMUKUNZI
ENGINEER	IFOTO
UMUHINZI	UMUBIRI
GARDENER	PILOT
UMUGANI	SURGEON
UMUSHINGA	UMWARIMU
UMUNYAMAKURU	ZOOLOGIST

76 - Emotions

```
J K G S C F D N B U B P C H
Z Q U G U Q N R O B I I Y A
S T A B H Z A N R U F C A M
W O O M A K Z F E G I Y N A
I Y G K P B H O D W T I E G
R U N Y B O A Z O A A Z U A
A M A H O R O Z M N N E M R
K F Y T K E D U A E Y R U A
A L R A O Z N B Q Z E E G D
R H U P S E U W D A L J I C
U X M M A N K O U U U B S J
B V U Y M U U B D G O U H X
U M J S A M R A N J V Y A H
Y A N Z E U U T P E M Z N J
```

UBURAKARI   AMAHORO
UMUGISHA   BIFITANYE
BOREDOM   ICYIZERE
HAMAGARA   KUBABAZA
UBWOBA   YANZE
CYANE   SYMPATHY
UMUNEZERO   AMASOKO
UBUGWANEZA   UMURYANGO
URUKUNDO

77 - Mythology

```
V I I Z E W K U C A Y M A I
L M I C X S W Q E A Y A R C
U Y N P Y S U O L A E J C Y
K I T A R E R O H I W K H A
W T W H U U M L Y G P N E R
I W A T C O M E E S P W T E
Z A R N Y W O U Z G S G Y M
E R I I J U R U C O E L P W
R I L R W L A T R O M N E E
A R V Y F X M F V T C C D J
R E Q B Q H A U R U M U R I
I N G A R U K A B U K N I S
M C E L A R A B M A T N I V
Q G I M B A R A G A U I C Z
```

ARCHETYPE	JEALOUSY
IMYITWARIRE	LABYRINTH
UKWIZERA	LEGEND
ICYAREMWE	URUMURI
ICYEMEZO	UKWEZI
UMUCO	MORTAL
INGARUKA	KWIHORERA
IJURU	IMBARAGA
INTWARI	INKUBA
AKAMARO	INTAMBARA

78 - Diplomacy

```
U Y O Z O T I Y M I D A Z N
S B F X A X P T A K I B K E
L C U P O I A R D I P A U Q
C F G F N K R E N G L T G I
N H Z D A I E A A A O U A V
I C U W K T B T W N M R N A
N L M X E I A Y R I A A I M
T E U Z T L T N A R T G R A
E T T Y U O U I Y O I E A H
G A I D M P B D N E Q E M A
R U T N U M U Q A L U H A N
I E M B A S S Y B N E U N G
T Z A M B A S S A D O R I A
Y U M W A N Z U R O P T I H
```

INAMA	AMAHANGA
AMBASSADOR	LETA
ABANYARWANDA	UMUNTU
ABATURAGE	INTEGRITY
KUGANIRA	UBUTABERA
UBUFATANYE	POLITIKI
DIPLOMATIQUE	UMWANZURO
IKIGANIRO	UMUTEKANO
EMBASSY	UMUTI
IMYITOZO	TREATY

79 - Countries #1

```
V L B D N A L N I F R E M V
I A A M X Z I H S M O G U W
E G M T A M B K Y U M N B R
T E A N V B Y E E B A F U H
N N N D Y I A D G U N B D D
A E A T D L Y N I T I R A V
M S P O V E A A P A Y A G E
N G H Z S A W L I L A Z E N
M S S L Z R R O T I L I Y E
P X J K Y S O P O Y N L N Z
O G G B O I N T Q A R I A U
J X C A N A D A S N D B P E
N I C A R A G U A I Q H S L
M M O R O C C O U D X M E A
```

BRAZILI	MOROCCO
CANADA	NICARAGUA
EGIPITO	NORWAY
FINLAND	PANAMA
MU BUDAGE	POLANDE
IRAQ	ROMANIYA
ISRAELI	SENEGAL
MU BUTALIYANI	ESPANYE
LATVIYA	VENEZUELA
LIBYA	VIETNAM

80 - Adjectives #1

```
B  T  A  K  A  M  A  R  O  I  O  R  Z  G
A  I  E  N  M  V  B  A  R  D  N  W  V  U
M  Z  K  K  Y  F  V  W  O  E  B  I  C  F
B  N  G  O  E  H  O  L  H  N  F  U  N  A
I  A  U  A  M  R  A  V  U  T  L  P  U  S
T  H  M  G  Q  E  E  C  B  I  M  V  K  H
I  U  W  A  U  G  Y  Z  N  C  D  V  C  A
O  M  I  C  N  N  P  E  A  A  Z  I  Y  B
U  U  J  I  C  A  G  O  D  L  O  Z  Q  V
S  Y  I  R  L  S  E  X  O  T  I  C  U  E
Y  H  M  O  E  U  Q  I  T  A  M  O  R  A
M  L  A  I  F  R  M  O  D  E  R  N  U  Q
G  U  K  U  R  I  K  I  R  A  X  T  J  Q
A  B  S  O  L  U  T  E  M  H  Q  V  I  J
```

ABSOLUTE	GUFASHA
AMBITIOUS	NINI
AROMATIQUE	IDENTICAL
UMUHANZI	AKAMARO
GUKURIKIRA	MODERN
UMWIJIMA	BIKOMEYE
EXOTIC	BUHORO
RUSANGE	TEKEREZA
BYIZA	AGACIRO
IJURU	

81 - Rainforest

```
G U T A N D U K A N Y A G B
O M Y O K I R A H I W M U I
K U B A H A X K J A V Q K K
K U G A R U K A Y G H B I I
B O F W I J T Y N A N X N R
O K N S U N B H O C S P G E
T O S A F L K S H I S G I R
A S S M B U T I W R O U R E
N A R A C M S E N O M K A J
I M C Y K I X I Z G N I O L
K A G N U H U G S E I Z M K
I S J I Y E G A R U T A B A
I N Y O N I W H P O C Y L L
R F C P K S S W B K Q N U M
```

INYONI	MOSS
BOTANIKI	KOKO
IKIRERE	GUKINGIRA
AMASOKO	GUHUNGA
ABATURAGE	KUBAHA
GUTANDUKANYA	KUGARUKA
INKINGI	UMWIHARIKO
ISHYAKA	GUKIZA
INYAMASWA	AGACIRO

82 - Landscapes

```
H I X H B M N H J Z R D C P
C I N U M U N T U B N P N I
A C L Y Q E B V H A H A X E
E S G L A R D N U T T Q P Y
B W R Z E N I K I Y A G A L
O C E A N Y J H R G F I F H
U R B V P O N A C L O V D T
M L E J A D H I Y Q C A V E
U J C N U L R G E Y S E R D
S S I S A O L L T C U A L N
O G U R U T R E S E D M V A
Z Y E B V T M T Y D N A K L
I X R F S W A M P F X Z O S
P E N I N S U L A X B I T I
```

BEACH	OASIS
CAVE	OCEAN
DESERT	PENINSULA
GEYSER	URUGO
UMUNTU	INYANJA
HILL	SWAMP
ICEBERG	TUNDRA
ISLANDE	VALLEY
IKIYAGA	VOLCANO
UMUSOZI	AMAZI

83 - Visual Arts

```
I  K  U  R  E  M  A  M  E  Q  M  E  P  O
G  B  W  A  X  N  A  I  X  P  K  C  T  G
N  D  U  F  R  G  U  V  W  C  Y  E  E  N
I  K  R  M  Z  H  K  U  G  A  N  I  R  A
K  U  L  O  B  U  G  L  R  N  N  P  U  Y
N  M  K  Z  A  A  X  H  K  O  P  R  T  R
I  E  A  S  E  L  S  Q  E  B  C  E  C  U
L  Z  R  F  R  D  L  J  L  U  L  T  E  M
W  A  R  B  Z  U  O  E  Z  K  U  S  T  U
F  V  O  E  N  O  T  O  F  A  M  A  I  N
A  M  A  S  O  M  O  L  H  W  U  M  H  O
U  M  U  H  A  N  Z  I  V  W  N  L  C  O
P  O  R  T  R  A  I  T  D  S  T  I  R  X
I  K  A  R  A  M  U  L  B  U  U  F  A  N
```

ARCHITECTURE
UMUHANZI
KUGANIRA
INKINGI
IBUMBA
UMURYANGO
KUREMA
EASEL
FILM

MASTERPIECE
KUBONA
IKARAMU
UMUNTU
AMAFOTO
PORTRAIT
AMASOMO
WAX

84 - Plants

```
Z C Q B K G E W B M A T N I
G T N M Q R I U I O X Z E D
P E T A L A Q O E A T F N R
I V Y R I S B F Q L R A M G
A U Z O W S A B F Z V M N S
D B D L U G A R D E N O Y Y
P U V F R A B M A Y H S I T
U O S N U C B L A V D S U R
B U S H R E A B A M B O O E
T B T O I B Q C B E R R Y E
P N G U M W O N T P F Z D Z
N P A Q I T U M U U G A G X
F O L I A G E Y U Z S T M S
I G I S H Y I M B O G K W C
```

BAMBOO	ISHYAMBA
IGISHYIMBO	GARDEN
BERRY	GRASS
BOTANY	IVY
BUSH	MOSS
CACTUS	PETAL
FLORA	UMUTI
URURIMI	INTAMBWE
FOLIAGE	TREE

85 - Boxing

```
B T U I M B A R A G A U A Z
W I R I B U M U D W W R M S
N Y K U R U K U N D O W A U
J O E U F S F I N K B A H R
O G N O R U M U K T L N I U
C N Z X E I K T Q I E Y R B
Y I W L N R K U O W B A W U
A G T G R J E I B H O A E G
N N N Z O J U E R E V B Z A
E I Q E C U U Q C A S Y K O
G U K U R I K I R A U H Z W
U M U S H I N W A Y C L Y O
N U B U H A N G A C O L M A
B E L L Z B K F Y N F E A C
```

BELL   KUBESHYA
UMUBIRI   AMAHIRWE
UMUSHINWA   INGINGO
CORNER   IKIBAZO
ELBOW   GUKURIKIRA
CYANE   BIKURIKIRA
URWANYA   UMURONGO
URUBUGA   UBUHANGA
FOCUS   IMBARAGA
URUKUNDO

86 - Countries #2

```
L K M O I M X P T F F N B L
E I L A O S G A D N A G U E
T N B B Z N A K A R Y N U B
H A A E H O Y I L Q I T B A
I P P W R C I S B G S I U N
O A Q T S I L T A G U B G O
P Y S C Q X A A N N R I E N
I U D U X E M N I I U K R F
Y M U E D M O B Y G B E E S
A U B Z N A S B A E U N K I
H Z F B G M N S U R V E I R
T A K I A M A J C I G W A I
H A I T I L J R H A A E E Y
U K R A I N E M K J D I P A
```

ALBANIYA   MEXICO
DENMARK   NTIBIKENEWE
ETHIOPIYA   NIGERIA
UBUGEREKI   PAKISTAN
HAITI   UBURUSIYA
JAMAIKA   SOMALIYA
UMUYAPANI   SUDAN
LAOS   SIRIYA
LEBANON   UGANDA
LIBERIA   UKRAINE

87 - Adjectives #2

```
K W F A H S I M I H S U G O
U U I Z V Q G S A C L Z I G
M G M L F A U J H J R R R K
U I P U D B S A S E D O W M
K S B B K U I M A V M N I F
I H P U A A N A B I U A R A
Z Y W C B M Z T U T I G E M
A A Y S Q I I O B P N N M O
L J T J S Z R R U I G I A U
K O K O U U A A V R A H J S
A G A R A B M I P C B S C U
Q X G C L U N B H S I N M L
R C P I N Z A R A E R I Q A
U M U S A R U R O D E F E L
```

UBUBASHA	KOKO
IREMA	GISHYA
DESCRIPTIVE	UMUSARURO
KUMUKA	ISHEMA
AMATORA	INSHINGANO
FAMOUS	UMUKIZA
INGABIRE	GUSINZIRA
UBUZIMA	IMBARAGA
INZARA	WILD
GUSHIMISHA	

88 - Psychology

```
M U I V A G N I H S U M U I
H B S F E I O V N J I G L M
Q U U T N U M U I Z O N S Y
D R Z A S S H N B I O M U I
Y Y U O W V B J I K G Z O T
K O M G G E S F T I E C I W
I W A N O B U K E B K L C A
J N I J V A U R K A U I S R
T S G B Z L J N E Z G N N I
U Y V A U C M D R O A I O R
K A G J R K I A E T N C C E
U K U R I U A C Z T I A B N
U M W A N A K O O L R L U V
T H E R A P Y A T U A M S J
```

UMUSHINGA
ISUZUMA
IMYITWARIRE
UMWANA
CLINICAL
KUGANIRA
INZOZI
EGO
UBURYO

INGARUKA
KWIBUKA
KUBONA
UMUNTU
IKIBAZO
UKURI
SUBCONSCIOUS
THERAPY
IBITEKEREZO

89 - Math

```
P G I N Y U M A U K H U P W
U E E B W S H G M Z O U A Q
M C R O D N E G U R U O R S
U N I I M Y B T B L E P A Y
R E C I M E L Z A F M I L M
Y R Y B V E T Y R A B W L M
A E E I P S T R E J H N E E
N F M K K V Z E Y D B O L T
G M E O R F N T R S U G O R
O U Z R F Y N E X B H Y G Y
N C O W E S I M T Q E L R M
W R A A R H T A X F Y O A M
C I T E M H T I R A O P M F
I C P V I N M D I C Y A N E
```

ARITHMETIC

CIRCUMFERENCE

ICYEMEZO

DIAMETER

IBIKORWA

CYANE

UMURYANGO

GEOMETRY

UMUBARE

PARALLELOGRAM

PERIMETER

POLYGON

URUGENDO

AHO

SYMMETRY

INYUMA

90 - Water

```
B I K U R I K I R A M H U A
U R U G O Z H C N B O J M M
I K I Y A G A R U V M I W A
I W Y I Z E W K U C I B U F
S N O W C U Y W S U R E K A
X O N T R E N D H B U H A R
C H S X S P U M O U M G G A
C P E O N E K O W N U E U N
I N K I N G I C E T H Y B G
F Y M A Y E P E R U N S U A
I M I R A B A A T V V E R X
I L Q Q W K T N J S I R U L
I R R I G A T I O N F O B H
Q M L F H U R R I C A N E R
```

KUNYWA	URUBUGA
UMURIMO	UKWEZI
UMWUKA	OCEAN
AMAFARANGA	IMVURA
GEYSER	URUGO
UBUNTU	SHOWER
HURRICANE	SNOW
ICE	BIKURIKIRA
IRRIGATION	INKINGI
IKIYAGA	IMIRABA

91 - Activities

```
G U I M I K O R A N I R E H
I A R K Y Q I N G I N G O C
M W R A N O B U K V N N M B
Y R V D S C R A F T S G S U
I O B Q E A G I H U G K O W
T K K A P N B R G U S O M A
O I F B M O I W D X S H A S
Z G S S G A Z N E G N S W I
O I Z Z B Y F O G J V I W M
F R O I B P C O K Y X G C I
T T G Z F I I Q T R X I R K
F I S H I N G E I O Y Y T I
W D C A G N A H U B U N P N
T E W R B N M U U D S I U O
```

IGIKORWA	IMYITOZO
INGINGO	MAGIC
CRAFTS	AMAFOTO
FISHING	URASABWE
IMIKINO	GUSOMA
GARDENING	IMIKORANIRE
GUHIGA	KUBONA
INYIGISHO	UBUHANGA

92 - Business

```
Z U A H S I R U G U K P U H
F M M U U U M U Y O B O Z I
T U A R M G U R B D D H Y B
I S F U W I N H O U T S U L
B H A G I I S U Q P D B X B
I I R E T F I H K P Y G Y V
R N A N O T T X Y U O J E Y
O G N D Z K W E C A B V M T
Y A G O O Z S I Z O K U M U
L K A Q C C P O R A M A K A
O R O S I M I N Y U N G U S
M E R C H A N D I S E S H R
L F K U G A N I R A R K H O
X V C A K A Z I R R L F D E
```

BUDGET   UMUSHINGA
UMWITOZO   AKAZI
ISHYAKA   UMUYOBOZI
AMAFARANGA   MERCHANDISE
KUGANIRA   IBIRO
UBUKUNGU   INYUNGU
UMUKOZI   KUGURISHA
URUGENDO   SHOP
AKAMARO   IMISORO

93 - The Company

```
I N Z I R A O V F B B D L H
Y R P S R A G U W M U A A F
U M U S H I N G A I S H A E
A U T N U M U Q S K I F D I
P K M E V I T A V O N N I C
L D A U U H U V V D E W Z Y
F M R Z S G M E J I S C Y E
S V J G I A U B J R S S C M
I O S P I N R K U B O N A E
D R C Q G A K U R A G N I Z
O Q E R E B M A R E T I A O
E D Q M S H R X Y O Z E V W
N G X N A K O B O H S I B D
K U T U R U G A N D A E U U
```

BUSINESS	KUBONA
IREMA	UMUSARURO
ICYEMEZO	UMWUGA
AKAZI	ITERAMBERE
URUGANDA	UMUNTU
INNOVATIVE	UMUTUNGO
UMUSHINGA	INGARUKA
BISHOBOKA	INZIRA

94 - Literature

```
G O Z E R E K E T I G I I G
E M Y H R X M G E R B N N U
R V A H V L E V O N A Y Y S
E N R N M G T U N J X U I O
R U U J I N A G I M I M G B
A U G B N O P S N R K A I A
N M N O I B H C Q C K O S N
Y W E G L F O A R L W A H U
A A S N A A R A G A M A O R
S N E I E Z I M X D E R B I
Y Z S G E T O D C E N A R R
K U U N U M U S I Z I N C A
R R G I B I O G R A F I Y A
H O U M W A N D I T S I P B
```

GUSESENGURA
ANECDOTE
UMWANDITSI
BIOGRAFIYA
GERERANYA
UMWANZURO
GUSOBANURIRA
DIALOGUE
IMIGANI

METAPHOR
NOVEL
IGITEKEREZO
INGINGO
UMUSIZI
RHYME
INYUMA
INYIGISHO
AMAGARA

95 - Geography

```
C G M C E D U T I T A L A A
Y I E R Y V V Y S A L T A M
I S R Y K E R A L H N I T A
Z A I I A R O T A M A S E J
A G D U G M Y W N V T I R Y
F A I E M I A F D M M M R A
A R A T Q U H J E A Y H I R
G A N T X W S U Y D N Y T U
K O M E Z A I O G E E Y O G
I N Y A N J A G Z U P A R U
O C E A N L W U S I A F Y R
A K A R E R E R P V M C O U
V E P A J C O U U V Q V Q O
Q Y I H E M I S P H E R E N
```

ATLAS
GISAGARA
KOMEZA
IGIHUGU
AMATORA
HEMISPHERE
ISLANDE
LATITUDE
MAP
MERIDIAN

UMUSOZI
AMAJYARUGURU
OCEAN
AKARERE
URUGO
INYANJA
Y'AMAJYEPFO
TERRITORY
CYIZA
ISI

96 - Pets

```
A M A Z I H E X Y C Z L O Z
I N K A J V A P N A Q I V S
G L S O G Z N M P T O Z Y E
N I M B W A K Z S O J A T J
I Z O K U M U E A T G R X Z
K V E R T U R T L E E D G T
N P A U M U R O N G O R Y Q
I Y Y M U R U K O K O P T P
I N R A A M O U S E C U B A
M H Q K U F F D E T I P J R
Z E E V V R I V I Y Q P G R
J J W N I B I R Y O I Y Y O
R I D F E P J H A P K C Q T
V E T E R I N A R I A N A C
```

CAT
INKINGI
UMUKOZI
INKA
IMBWA
AMAFI
IBIRYO
IHENE
HAMSTER

LIZARD
MOUSE
PARROT
PUPPY
URUKOKO
UMURONGO
TURTLE
VETERINARIAN
AMAZI

97 - Jazz

```
G N T I N G O M A X G G I U
M I I N Y I G I S H O U N M
K G S U O M A F A R K T D U
C I Q H U M U Z I K I E I R
G O E V Y Q D D Z G C Z R I
V O N Q F A M U Y N I A I M
I G Z C S F U O S O F I M O
O N A R E Z E S A M A M B T
S A G Y T R Z Y U U Z B O A
Y Y N A A U T I K B R E B L
A R J E R J A Z U L A R U E
T U J F B U P C N A R E K N
L M U S O Y K Q D F E N X T
O U A J G P Z A A H X D V T
```

ALBUM	INGARUKA
AMASEZERANO	UMUZIKI
UMURIMO	GISHYA
UMURYANGO	KERA
CONCERT	INYUMA
INGOMA	INDIRIMBO
FAMOUS	INYIGISHO
UKUNDA	TALENT
GUTEZA IMBERE	

98 - Nature

```
B Y I Z A C M E G A I L O F
S Q G I K A W S A M A Y N I
E N Z M K O R O H A M A C Y
R I M I S O Z I Q F Z T S W
E C A Q S R T Q U A Z S A K
N T O H D O X H T R E S E D
E N W C K B S H N A D L N L
A M A S O K O I U N R E V I
M E L L P T T H M G O F N W
O G U R U Q D H U A N R T Z
G I N G I N G O I N Z U K I
N I M U T A R A M A L B B P
I T R O P I C A L E J T T A
I S H Y A M B A N U T F K D
```

INYAMASWA	FOLIAGE
INGINGO	ISHYAMBA
BYIZA	UMUNTU
INZUKI	IMISOZI
AMAFARANGA	AMAHORO
AMASOKO	URUGO
DESERT	MUTARAMA
INGOMA	SERENE
ISOSI	TROPICAL
FOG	WILD

99 - Vacation #2

```
G M R R R R I U M U S O R O
Z U U R U K U M I S N U M U
Y V T B W A N H Y G L J U A
N G R W T G B O X I V Z X B
X R O C A N O B U K T P V N
M P P A M R V W O H U O X R
W M S E D N A L S I R A Z B
R E S T A U R A N T U M O O
I U A H M H C A E B G A B I
F X P W C F O G A M E H I N
I M I S O Z I T M A N A J D
L A D I Q G Z Y E S D N B E
Y I N Y A N J A I L O G A G
D E S T I N A T I O N A M E
```

INDEGE	MAP
BEACH	IMISOZI
DESTINATION	PASSPORT
AMAHANGA	KUBONA
UMUNSI MUKURU	RESTAURANT
HOTEL	INYANJA
ISLANDE	UMUSORO
URUGENDO	IHEMA
IMYITOZO	GUTWARA

100 - Electricity

```
M I B I K O R W A I I C H P
T A N E T W O R K N T A O O
E M G G L X N G Z T A B R S
L U T N U M U X O E R L E I
E Y O A E W B T E G A E G T
V N O S V T L Q X O E W G I
I U V U I H B A T T E R Y V
S I D R T I S O K O J Q M E
I O E O A Q V G O F I W S C
Y M B F G T K X H I V D R C
O V Z A E A M A T O R A F M
D N V I N O F E L E T W K I
D S U F I J C V Y Q V H Q P
U B U B I K O R Q V A V E N
```

BATTERY   NETWORK
CABLE   INTEGO
AMATORA   POSITIVE
IBIKORWA   UMUNTU
RUSANGE   ISOKO
ITARA   UBUBIKO
NYUMA   TELEFONI
MAGNET   TELEVISIYO
NEGATIVE

1 - Antiques

2 - Food #1

3 - Exploration

4 - Measurements

5 - Farm #2

6 - Books

7 - Meditation

8 - Days and Months

9 - Energy

10 - Chess

11 - Archeology

12 - Food #2

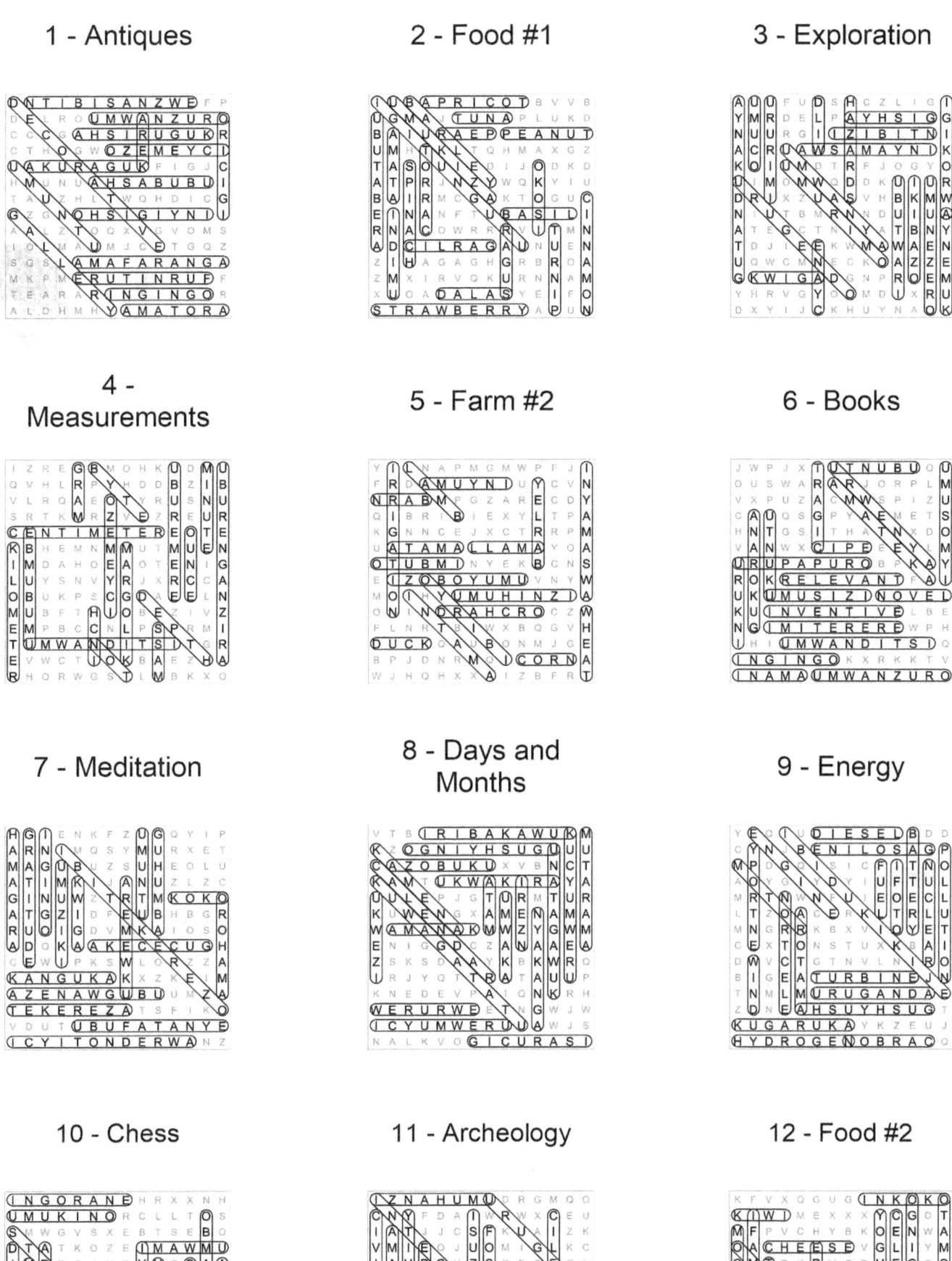

13 - Chemistry

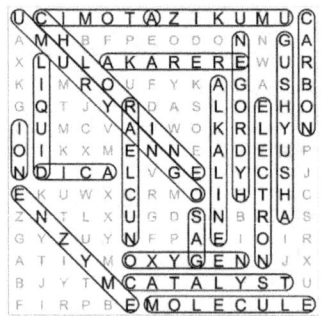

14 - Music

15 - Family

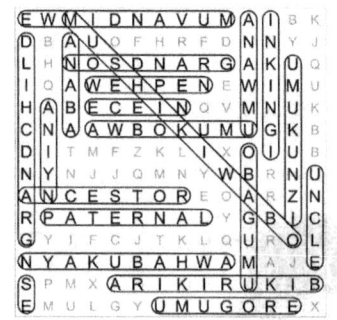

16 - Farm #1

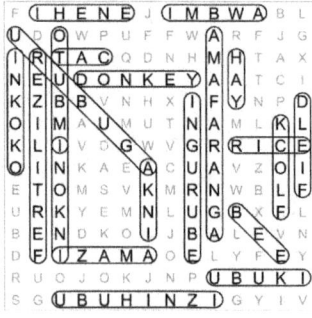

17 - Camping

18 - Algebra

19 - Safety

20 - Spices

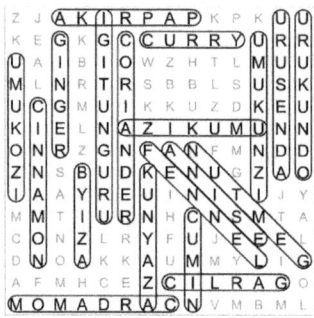

21 - Universe

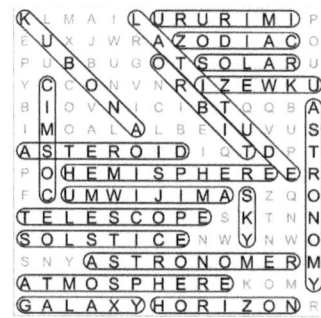

22 - Mammals

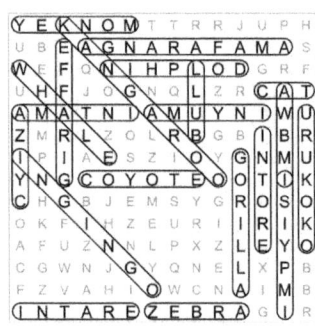

23 - Restaurant #1

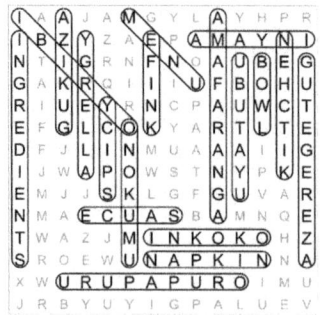

24 - Bees

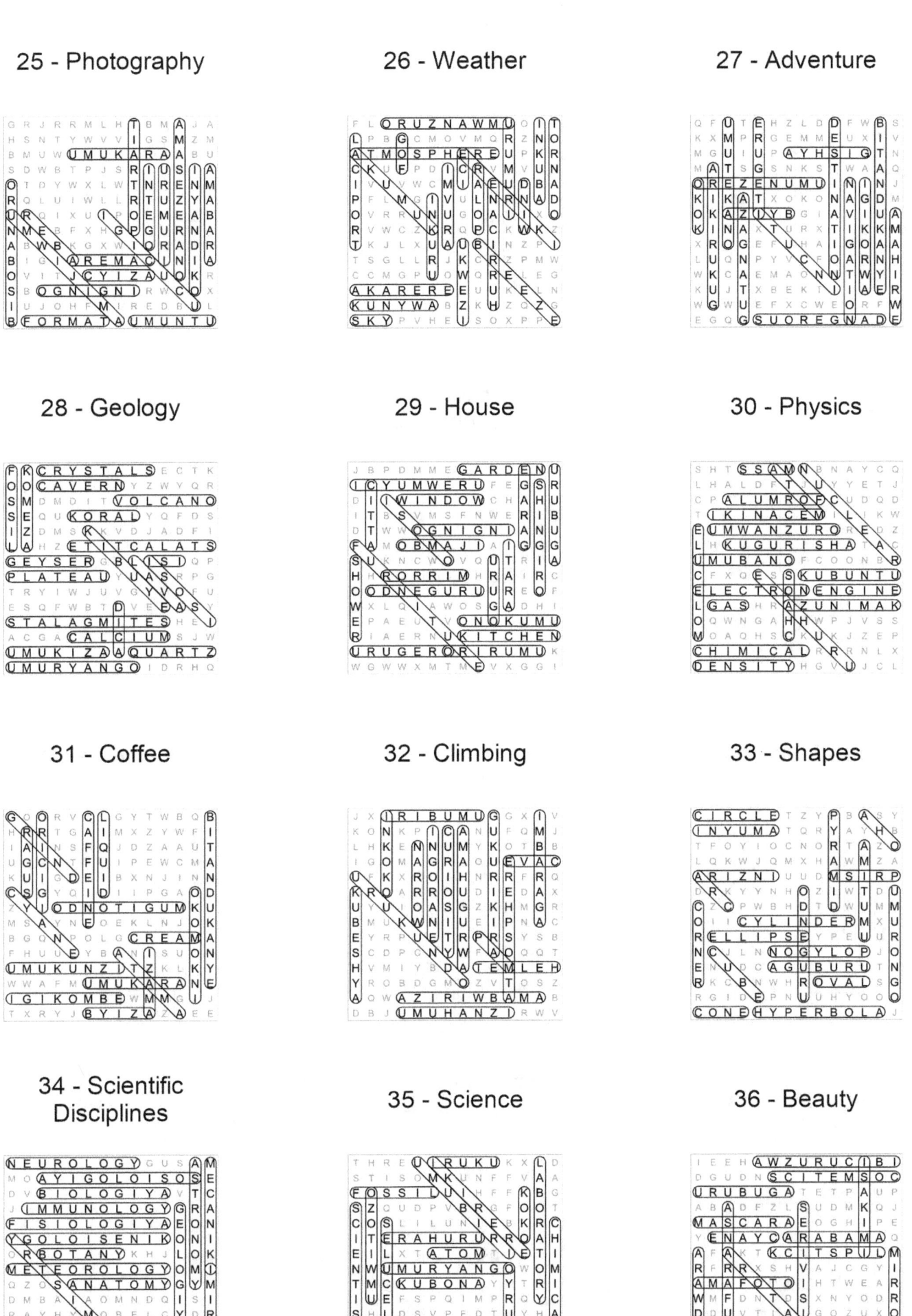

25 - Photography

26 - Weather

27 - Adventure

28 - Geology

29 - House

30 - Physics

31 - Coffee

32 - Climbing

33 - Shapes

34 - Scientific Disciplines

35 - Science

36 - Beauty

37 - Clothes

38 - Ethics

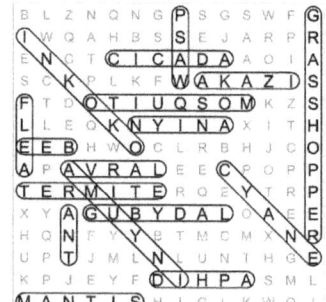

39 - Insects

40 - Astronomy

41 - Health and Wellness #2

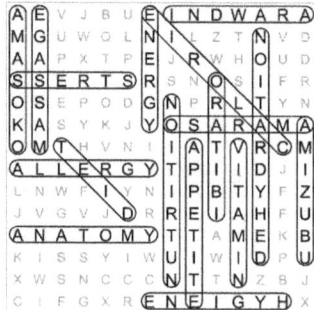

42 - Time

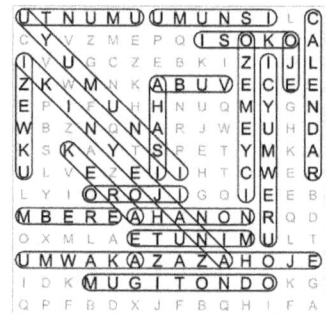

43 - Buildings

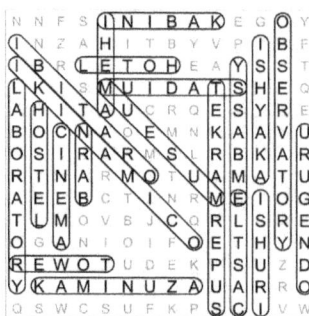

44 - Gardening

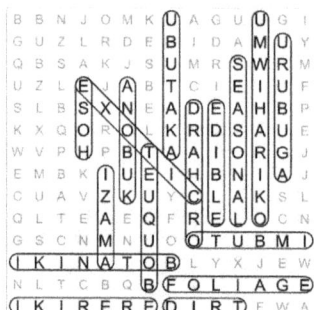

45 - Herbalism

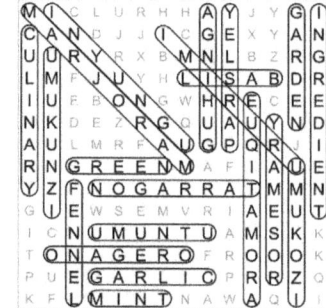

46 - Vehicles

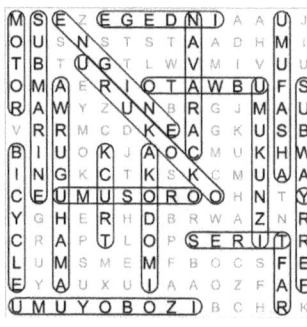

47 - Health and Wellness #1

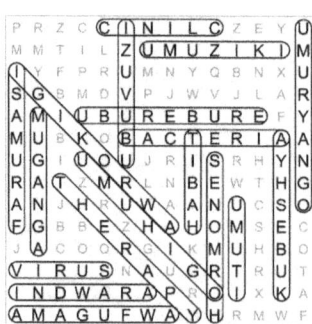

48 - Town

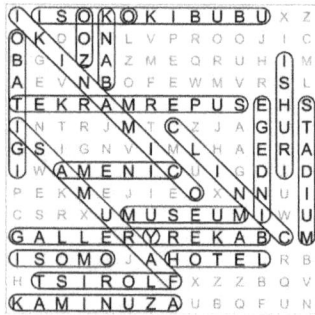

49 - Antarctica

50 - Fashion

51 - Human Body

52 - Musical Instruments

53 - Fruit

54 - Engineering

55 - Government

56 - Science Fiction

57 - Geometry

58 - Creativity

59 - Airplanes

60 - Ocean

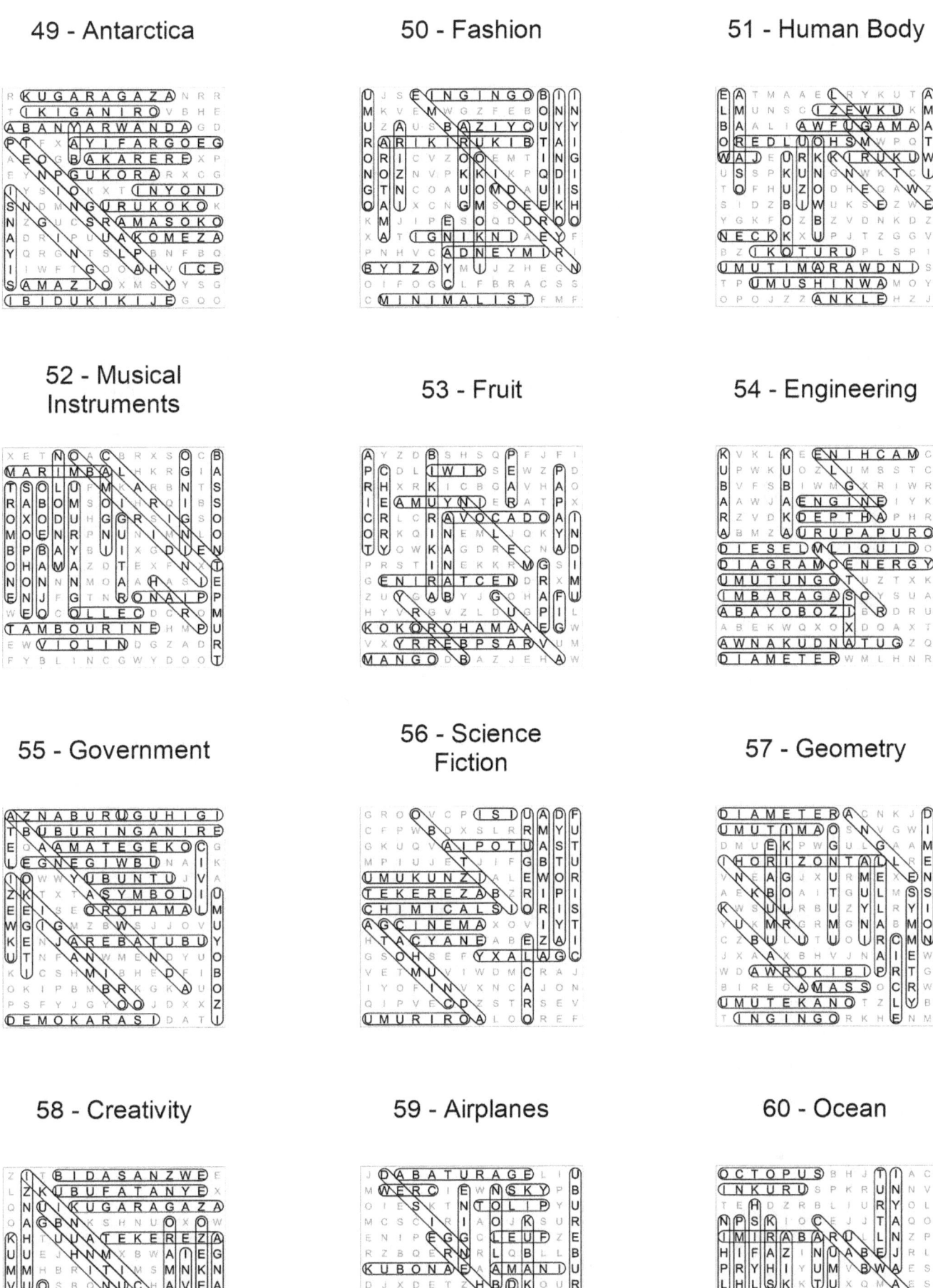

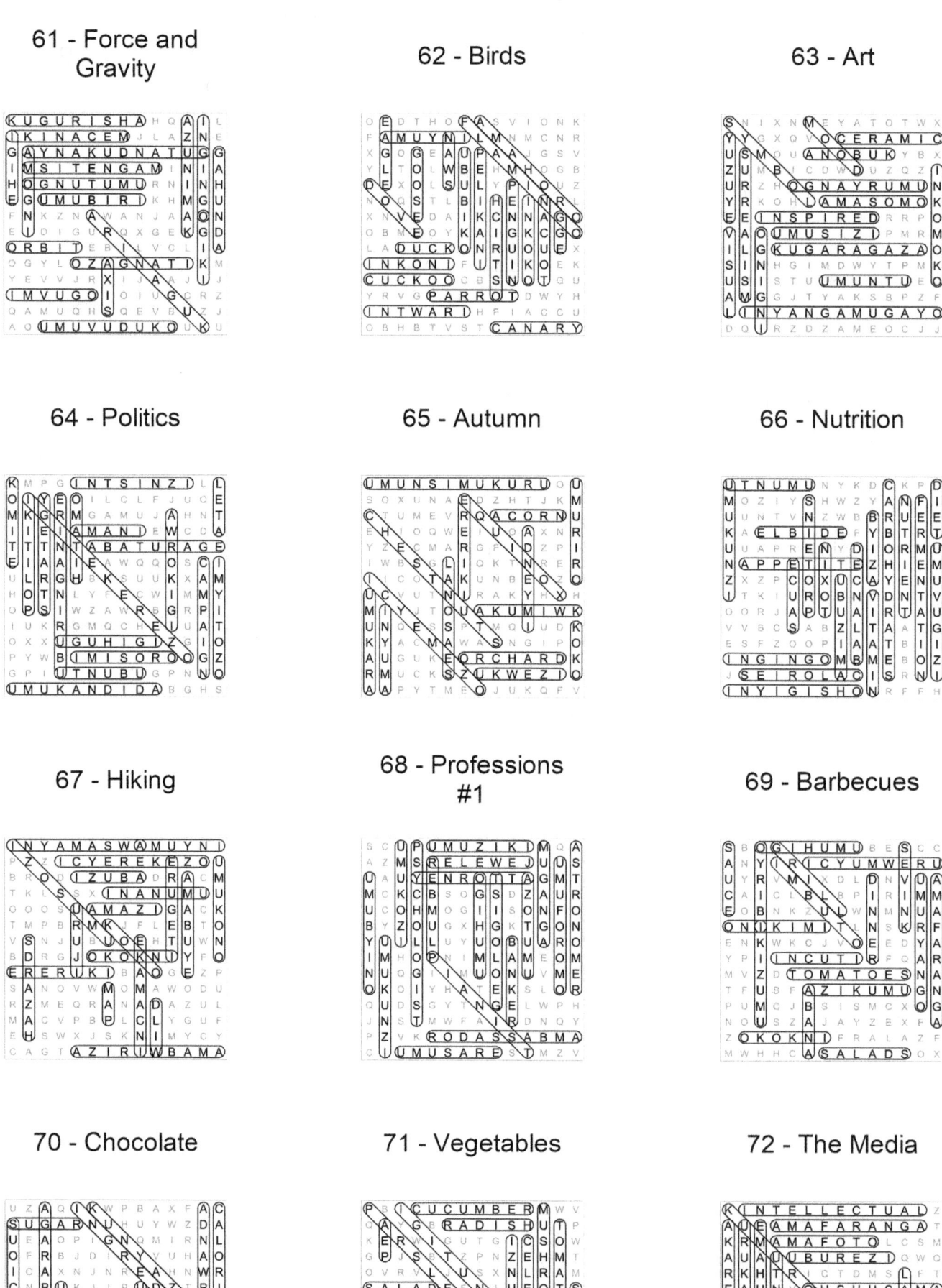

61 - Force and Gravity

62 - Birds

63 - Art

64 - Politics

65 - Autumn

66 - Nutrition

67 - Hiking

68 - Professions #1

69 - Barbecues

70 - Chocolate

71 - Vegetables

72 - The Media

73 - Boats

74 - Driving

75 - Professions #2

76 - Emotions

77 - Mythology

78 - Diplomacy

79 - Countries #1

80 - Adjectives #1

81 - Rainforest

82 - Landscapes

83 - Visual Arts

84 - Plants

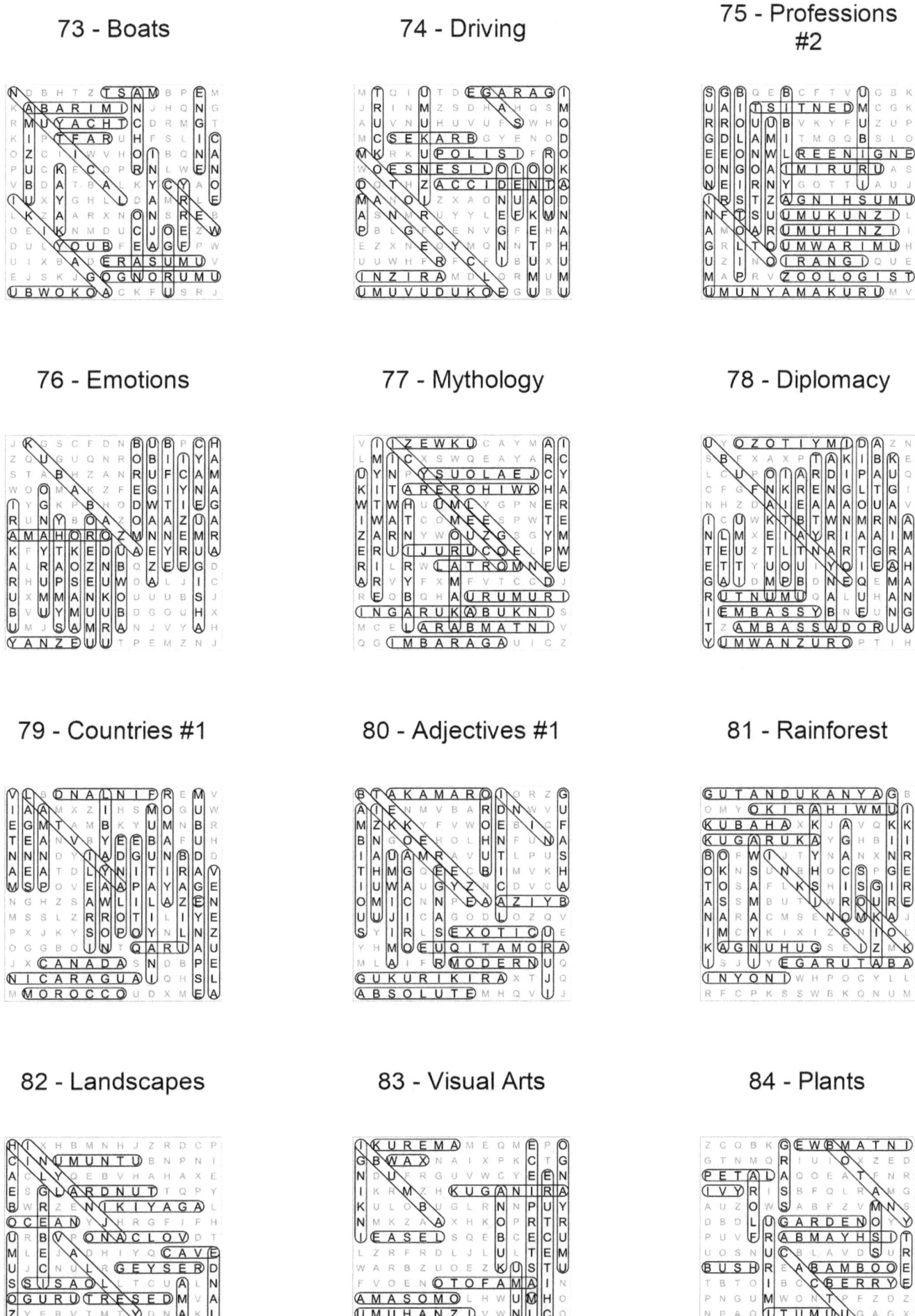

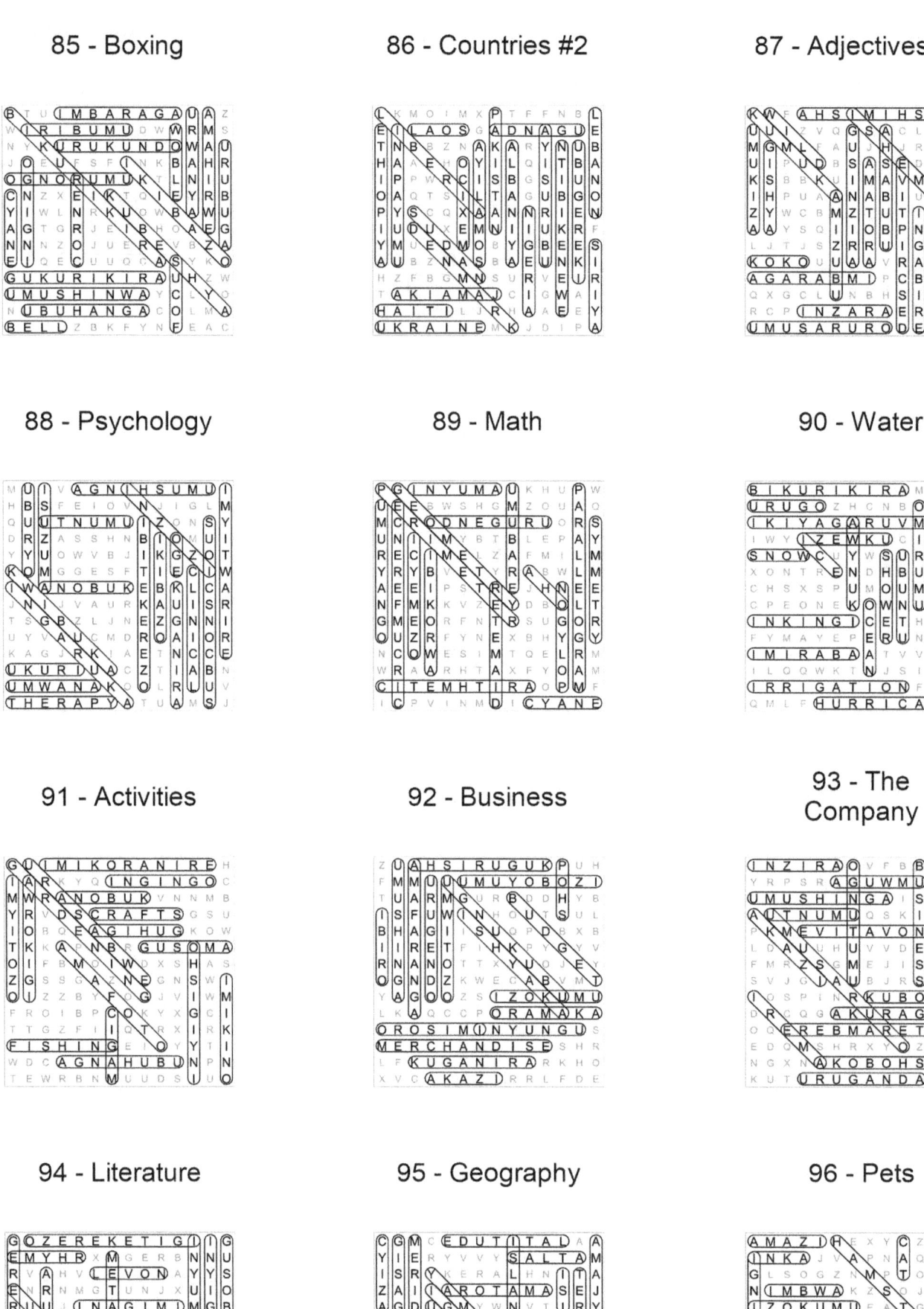

85 - Boxing

86 - Countries #2

87 - Adjectives #2

88 - Psychology

89 - Math

90 - Water

91 - Activities

92 - Business

93 - The Company

94 - Literature

95 - Geography

96 - Pets

97 - Jazz

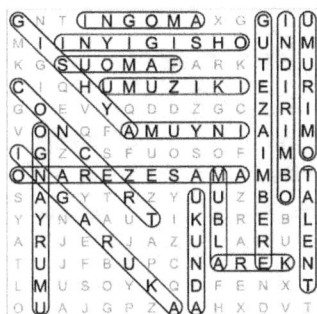

98 - Nature

99 - Vacation #2

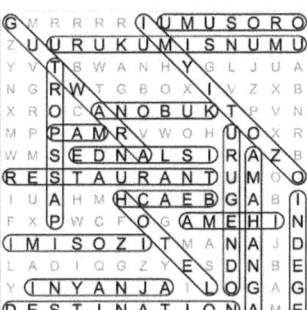

100 - Electricity

Dictionary

Activities
Ibikorwa

Activity	Igikorwa
Art	Ingingo
Crafts	Crafts
Fishing	Fishing
Games	Imikino
Gardening	Gardening
Hunting	Guhiga
Interests	Inyigisho
Leisure	Imyitozo
Magic	Magic
Photography	Amafoto
Pleasure	Urasabwe
Reading	Gusoma
Relaxation	Imikoranire
Sewing	Kubona
Skill	Ubuhanga

Adjectives #1
Inshinga # 1

Absolute	Absolute
Ambitious	Ambitious
Aromatic	Aromatique
Artistic	Umuhanzi
Attractive	Gukurikira
Dark	Umwijima
Exotic	Exotic
Generous	Rusange
Happy	Byiza
Heavy	Ijuru
Helpful	Gufasha
Honest	Inyangamugayo
Huge	Nini
Identical	Identical
Important	Akamaro
Modern	Modern
Serious	Bikomeye
Slow	Buhoro
Thin	Tekereza
Valuable	Agaciro

Adjectives #2
Inshinga # 2

Authentic	Ububasha
Creative	Irema
Descriptive	Descriptive
Dry	Kumuka
Elegant	Amatora
Famous	Famous
Gifted	Ingabire
Healthy	Ubuzima
Hot	Bishyushye
Hungry	Inzara
Interesting	Gushimisha
Natural	Koko
New	Gishya
Productive	Umusaruro
Proud	Ishema
Responsible	Inshingano
Salty	Umukiza
Sleepy	Gusinzira
Strong	Imbaraga
Wild	Wild

Adventure
Amahirwe

Activity	Igikorwa
Beauty	Byiza
Challenges	Ingorane
Chance	Amahirwe
Dangerous	Dangerous
Destination	Destination
Difficulty	Bitandukanye
Enthusiasm	Enthusiasm
Excursion	Gukurikira
Friends	Incuti
Joy	Umunezero
Nature	Koko
Navigation	Navigation
New	Gishya
Preparation	Itegure
Safety	Umutekano
Surprising	Gutangaza
Travels	Urugendo
Unusual	Ntibisanzwe

Airplanes
Indege

Adventure	Inama
Air	Air
Atmosphere	Atmosphere
Balloon	Balloon
Construction	Kubaka
Crew	Crew
Descent	Descent
Design	Design
Direction	Ubuyobozi
Engine	Engine
Fuel	Fuel
Height	Uburebure
History	Amateka
Hydrogen	Hydrogen
Landing	Kubona
Passenger	Passenger
Pilot	Pilot
Propellers	Abaturage
Sky	Sky
Turbulence	Turbulence

Algebra
Algebra

Addition	Umugereka
Diagram	Diagram
Equation	Ibikorwa
Exponent	Cyane
Factor	Urugendo
False	Ikinyoma
Formula	Formula
Fraction	Umuryango
Infinite	Infinite
Linear	Umurongo
Matrix	Matrix
Number	Umubare
Parenthesis	Umubyeyi
Problem	Ikibazo
Quantity	Umuntu
Simplify	Byoroshe
Solution	Umuti
Subtraction	Subtraction
Variable	Bitandukanye
Zero	Zero

Antarctica
Antaragitika

Bay	Bay
Birds	Inyoni
Clouds	Amasoko
Conservation	Ikiganiro
Continent	Komeza
Environment	Ibidukikije
Expedition	Kugaragaza
Exploration	Gukora
Geography	Geografiya
Glaciers	Abanyarwanda
Ice	Ice
Islands	Ibislande
Migration	Kwimuka
Penguins	Ingingo
Peninsula	Peninsula
Rocky	Urukoko
Scientific	Siyansi
Temperature	Akarere
Topography	Topography
Water	Amazi

Antiques
Ibihe bya Kera

Art	Ingingo
Auction	Kugurisha
Authentic	Ububasha
Century	Ikinyejana
Coins	Amafaranga
Decades	Icyemezo
Decorative	Decorative
Elegant	Amatora
Enthusiast	Umwanzuro
Furniture	Furniture
Gallery	Gallery
Investment	Umushinga
Old	Kera
Price	Igiciro
Quality	Umuntu
Restoration	Kugaruka
Sculpture	Amasomo
Style	Inyigisho
Unusual	Ntibisanzwe
Value	Agaciro

Archeology
Ubucukumbuzi

Analysis	Gusesengura
Ancient	Kera
Antiquity	Antiquity
Bones	Amagufwa
Civilization	Civilization
Descendant	Descendant
Evaluation	Isuzuma
Expert	Umuhanzi
Findings	Kubona
Forgotten	Wibagiwe
Fossil	Fossil
Fragments	Amafaranga
Mystery	Amabanga
Objects	Intego
Professor	Umwuga
Relic	Relic
Team	Ikipe
Temple	Urugero
Tomb	Tomb
Unknown	Ntibizi

Art
Ubuhanzi

Ceramic	Ceramic
Complex	Yuzuye
Composition	Umuryango
Expression	Kugaragaza
Honest	Inyangamugayo
Inspired	Inspired
Mood	Mood
Original	Inkomoko
Paintings	Kubona
Personal	Umuntu
Poetry	Umusizi
Sculpture	Amasomo
Subject	Ingingo
Surrealism	Surrealism
Symbol	Symbol
Visual	Visual

Astronomy
Astronomie

Asteroid	Asteroid
Astronaut	Astronaut
Astronomer	Astronomer
Constellation	Umwanzuro
Cosmos	Cosmos
Earth	Isi
Eclipse	Eclipse
Equinox	Equinox
Galaxy	Galaxy
Meteor	Meteor
Moon	Ukwezi
Nebula	Nebula
Observatory	Observatory
Planet	Gahunda
Radiation	Radiation
Rocket	Urukoko
Satellite	Satellite
Sky	Sky
Supernova	Supernova
Zodiac	Zodiac

Autumn
Impeshyi

Acorn	Acorn
Apples	Bikurikira
Chestnuts	Chestnuts
Climate	Ikirere
Clothing	Imyenda
Deciduous	Icyemezo
Equinox	Equinox
Festival	Umunsi Mukuru
Fires	Umuriro
Frost	Umukara
Migration	Kwimuka
Months	Ukwezi
Nature	Koko
Orchard	Orchard
Seasonal	Seasonal
Weather	Inyuma

Barbecues
Barbecues

Chicken	Inkoko
Children	Abana
Dinner	Dinner
Family	Umuryango
Food	Ibiryo
Forks	Amafaranga
Friends	Incuti
Fruit	Imbuto
Games	Imikino
Grill	Grill
Hot	Bishyushye
Hunger	Umuhigo
Knives	Knives
Music	Umuziki
Salads	Salads
Salt	Umukiza
Sauce	Sauce
Summer	Icyumweru
Tomatoes	Tomatoes
Vegetables	Vegetables

Beauty
Ubwiza

Charm	Ingingo
Color	Amabara
Cosmetics	Cosmetics
Elegant	Amatora
Fragrance	Ubufaransa
Grace	Ubuntu
Lipstick	Lipstick
Makeup	Gukora
Mascara	Mascara
Mirror	Mirror
Photogenic	Amafoto
Products	Ibicuruzwa
Scissors	Imikasi
Services	Serivisi
Shampoo	Shampoo
Skin	Indwara
Smooth	Cyane
Stylist	Urubuga

Bees
Inzuki

Beneficial	Inyungu
Diversity	Gutandukanya
Ecosystem	Ecosystem
Flowers	Indabyo
Food	Ibiryo
Fruit	Imbuto
Garden	Garden
Hive	Vih
Honey	Ubuki
Insect	Gukora
Plants	Gahunda
Pollen	Pollen
Pollinator	Pollinator
Queen	Umwami
Smoke	Itabi
Sun	Izuba
Swarm	Swarm
Wax	Wax
Wings	Amababa

Birds
Inyoni

Canary	Canary
Chicken	Inkoko
Crow	Inkoni
Cuckoo	Cuckoo
Dove	Dove
Duck	Duck
Eagle	Eagle
Egg	Egg
Flamingo	Flamingo
Goose	Goose
Heron	Intwari
Ostrich	Ostrich
Parrot	Parrot
Peacock	Amahoro
Pelican	Pelikani
Penguin	Penguin
Sparrow	Inyuma
Stork	Ububiko
Swan	Swan
Toucan	Toucan

Boats
Ubwato

Anchor	Anchor
Buoy	Buoy
Canoe	Canoe
Crew	Crew
Engine	Engine
Ferry	Ferry
Kayak	Kayak
Lake	Ikiyaga
Lifeboat	Ubuzima
Mast	Mast
Nautical	Nautical
Ocean	Ocean
Raft	Raft
River	Urugo
Rope	Umurongo
Sailboat	Ubwoko
Sailor	Umusare
Sea	Inyanja
Waves	Imiraba
Yacht	Yacht

Books
Ibitabo

Adventure	Inama
Author	Umwanditsi
Character	Imiterere
Collection	Gukorana
Context	Umwanzuro
Duality	Ukuntu
Epic	Epic
Historical	Amateka
Humorous	Urwenya
Inventive	Inventive
Literary	Ubuntu
Novel	Novel
Page	Urupapuro
Poem	Ingingo
Poetry	Umusizi
Reader	Umusomyi
Relevant	Relevant
Story	Inkuru
Tragic	Tragic
Written	Yanditswe

Boxing
Umukino W'Iteramakofe

Bell	Bell
Body	Umubiri
Chin	Umushinwa
Corner	Corner
Elbow	Elbow
Exhausted	Cyane
Fighter	Urwanya
Fist	Urubuga
Focus	Focus
Gloves	Urukundo
Injuries	Kubeshya
Opponent	Amahirwe
Points	Ingingo
Quick	Ikibazo
Recovery	Gukurikira
Referee	Bikurikira
Ropes	Umurongo
Skill	Ubuhanga
Strength	Imbaraga

Buildings
Inyubako

Apartment	Ishyaka
Barn	Barn
Cabin	Kabini
Castle	Castle
Cinema	Cinema
Embassy	Embassy
Factory	Urugendo
Hospital	Ibitaro
Hostel	Hostel
Hotel	Hotel
Laboratory	Laboratory
Museum	Museum
Observatory	Observatory
School	Ishuri
Stadium	Stadium
Supermarket	Supermarket
Tent	Ihema
Theater	Ikinamico
Tower	Tower
University	Kaminuza

Business
Ubucuruzi

Budget	Budget
Career	Umwitozo
Company	Ishyaka
Currency	Amafaranga
Discount	Kuganira
Economics	Ubukungu
Employer	Umukozi
Factory	Urugendo
Import	Akamaro
Investment	Umushinga
Job	Akazi
Manager	Umuyobozi
Merchandise	Merchandise
Money	Amafaranga
Office	Ibiro
Profit	Inyungu
Sale	Kugurisha
Shop	Shop
Taxes	Imisoro
Transaction	Guhinduka

Camping
Ingando

Adventure	Inama
Animals	Inyamaswa
Cabin	Kabini
Canoe	Canoe
Compass	Komisiyo
Equipment	Ibikorwa
Fire	Umuriro
Forest	Ishyamba
Fun	Urwenya
Hammock	Hammock
Hat	Urwango
Hunting	Guhiga
Insect	Gukora
Lake	Ikiyaga
Map	Map
Moon	Ukwezi
Mountain	Umusozi
Nature	Koko
Rope	Umurongo
Tent	Ihema

Chemistry
Ubuhanga

Acid	Acid
Alkaline	Alkaline
Atomic	Atomic
Carbon	Carbon
Catalyst	Catalyst
Chlorine	Chlorine
Electron	Electron
Enzyme	Enzyme
Gas	Gas
Heat	Gushyusha
Hydrogen	Hydrogen
Ion	Ion
Liquid	Liquid
Molecule	Molecule
Nuclear	Nuclear
Organic	Umuryango
Oxygen	Oxygen
Salt	Umukiza
Temperature	Akarere
Weight	Uburemere

Chess
Chess

Black	Umukara
Challenges	Ingorane
Champion	Shampiyoni
Contest	Amarushanwa
Diagonal	Diagonal
Game	Umukino
King	Umwami
Opponent	Amahirwe
Player	Umukinnyi
Points	Ingingo
Rules	Amategeko
Sacrifice	Igitambo
Strategy	Strategy
Time	Igihe
To Learn	Kwiga
Tournament	Urugendo
White	Umuzungu

Chocolate
Shokora

Antioxidant	Antioxidant
Bitter	Byiza
Calories	Calories
Coconut	Koko
Delicious	Delicious
Exotic	Exotic
Favorite	Ukunda
Flavor	Umukunzi
Ingredient	Ingredient
Peanuts	Abanyarwanda
Powder	Imbaraga
Quality	Umuntu
Recipe	Kubona
Sugar	Sugar
Sweet	Kunyaza
Taste	Taste

Climbing
Kuzamuka

Atmosphere	Atmosphere
Boots	Inkoko
Cave	Cave
Challenges	Ingorane
Curiosity	Curiosity
Expert	Umuhanzi
Gloves	Urukundo
Guides	Amabwiriza
Helmet	Helmet
Injury	Kubeshya
Map	Map
Narrow	Narrow
Physical	Umubiri
Stability	Gukurikira
Strength	Imbaraga
Training	Amahugurwa

Clothes
Imyenda

Apron	Apron
Belt	Belt
Blouse	Blouse
Bracelet	Bracelet
Coat	Ikoti
Dress	Imyenda
Fashion	Fashion
Gloves	Urukundo
Hat	Urwango
Jacket	Jacket
Necklace	Necklace
Pajamas	Pajamas
Pants	Ipantaro
Sandals	Sandals
Scarf	Scarf
Shirt	Ishati
Shoe	Urukoko
Skirt	Skirt
Socks	Amasoko
Sweater	Kunyaza

Coffee
Ikawa

Bitter	Byiza
Black	Umukara
Caffeine	Caffeine
Cream	Cream
Cup	Igikombe
Flavor	Umukunzi
Grind	Grind
Liquid	Liquid
Milk	Amata
Morning	Mugitondo
Origin	Inkomoko
Price	Igiciro
Roasted	Cyane
Sugar	Sugar
Variety	Bitandukanye
Water	Amazi

Countries #1
Ibihugu # 1

Brazil	Brazili
Canada	Canada
Egypt	Egipito
Finland	Finland
Germany	Mu Budage
Iraq	Iraq
Israel	Israeli
Italy	Mu Butaliyani
Latvia	Latviya
Libya	Libya
Morocco	Morocco
Nicaragua	Nicaragua
Norway	Norway
Panama	Panama
Poland	Polande
Romania	Romaniya
Senegal	Senegal
Spain	Espanye
Venezuela	Venezuela
Vietnam	Vietnam

Countries #2
Ibihugu # 2

Albania	Albaniya
Denmark	Denmark
Ethiopia	Ethiopiya
Greece	Ubugereki
Haiti	Haiti
Jamaica	Jamaika
Japan	Umuyapani
Laos	Laos
Lebanon	Lebanon
Liberia	Liberia
Mexico	Mexico
Nepal	Ntibikenewe
Nigeria	Nigeria
Pakistan	Pakistan
Russia	Uburusiya
Somalia	Somaliya
Sudan	Sudan
Syria	Siriya
Uganda	Uganda
Ukraine	Ukraine

Creativity
Guhanga

Artistic	Umuhanzi
Authenticity	Ububasha
Changing	Guhinduka
Clarity	Ubufatanye
Dramatic	Ikinamico
Expression	Kugaragaza
Feelings	Kumva
Fluidity	Ubuntu
Image	Ishusho
Imagination	Tekereza
Inspiration	Inspiration
Inventive	Inventive
Skill	Ubuhanga
Spontaneous	Bidasanzwe
Visions	Icyerekezo
Vitality	Akamaro

Days and Months
Iminsi N'Amezi

April	Mata
August	Kanama
Calendar	Calendar
December	Ukuboza
February	Gashyantare
Friday	Ku wa Gatanu
January	Mutarama
July	Nyakanga
June	Kamena
March	Werurwe
May	Gicurasi
Month	Ukwezi
November	Ugushyingo
October	Ukwakira
September	Nzeri
Sunday	Ku Cyumweru
Tuesday	Ku wa Kabiri
Wednesday	Ku wa Gatatu
Week	Icyumweru
Year	Umwaka

Diplomacy
Diplomacy

Adviser	Inama
Ambassador	Ambassador
Citizens	Abanyarwanda
Community	Abaturage
Conflict	Kuganira
Cooperation	Ubufatanye
Diplomatic	Diplomatique
Discussion	Ikiganiro
Embassy	Embassy
Ethics	Imyitozo
Foreign	Amahanga
Government	Leta
Humanitarian	Umuntu
Integrity	Integrity
Justice	Ubutabera
Politics	Politiki
Resolution	Umwanzuro
Security	Umutekano
Solution	Umuti
Treaty	Treaty

Driving
Gutwara Ibinyabiziga

Accident	Accident
Brakes	Brakes
Car	Imodoka
Danger	Danger
Fuel	Fuel
Garage	Garage
Gas	Gas
License	Lisense
Map	Map
Motor	Motor
Motorcycle	Motorcycle
Pedestrian	Umukunzi
Police	Polisi
Road	Inzira
Safety	Umutekano
Speed	Umuvuduko
Street	Umuhanda
Traffic	Ingendo
Truck	Truck
Tunnel	Tunnel

Electricity
Amashanyarazi

Battery	Battery
Cable	Cable
Electrician	Amatora
Equipment	Ibikorwa
Generator	Rusange
Lamp	Itara
Laser	Nyuma
Magnet	Magnet
Negative	Negative
Network	Network
Objects	Intego
Positive	Positive
Quantity	Umuntu
Socket	Isoko
Storage	Ububiko
Telephone	Telefoni
Television	Televisiyo

Emotions
Amarangamutima

Anger	Uburakari
Bliss	Umugisha
Boredom	Boredom
Calm	Hamagara
Fear	Ubwoba
Grateful	Cyane
Joy	Umunezero
Kindness	Ubugwaneza
Love	Urukundo
Peace	Amahoro
Relaxed	Bifitanye
Relief	Icyizere
Sadness	Kubabaza
Satisfied	Yanze
Sympathy	Sympathy
Tenderness	Amasoko
Tranquility	Umuryango

Energy
Ingufu

Battery	Battery
Carbon	Carbon
Diesel	Diesel
Electric	Amatora
Electron	Electron
Engine	Engine
Entropy	Entropy
Environment	Ibidukikije
Fuel	Fuel
Gasoline	Gasoline
Heat	Gushyusha
Hydrogen	Hydrogen
Industry	Uruganda
Motor	Motor
Nuclear	Nuclear
Photon	Ifoto
Pollution	Pollution
Renewable	Kugaruka
Turbine	Turbine
Wind	Wind

Engineering
Ubwubatsi

Angle	Angle
Axis	Axis
Calculation	Kubara
Construction	Kubaka
Depth	Depth
Diagram	Diagram
Diameter	Diameter
Diesel	Diesel
Distribution	Gutandukanwa
Energy	Energy
Engine	Engine
Levers	Abayobozi
Liquid	Liquid
Machine	Machine
Measurement	Urupapuro
Motor	Motor
Propulsion	Umutungo
Stability	Gukurikira
Strength	Imbaraga
Structure	Imiterere

Ethics
Imyitwarire

Altruism	Altruism
Compassion	Kugaragaza
Cooperation	Ubufatanye
Dignity	Kubaha
Diplomatic	Diplomatique
Humanity	Ubuntu
Individualism	Umuntu
Integrity	Integrity
Kindness	Ubugwaneza
Optimism	Optimism
Patience	Kwihangana
Philosophy	Filosofi
Realism	Ukuri
Reasonable	Impamvu
Tolerance	Tolerance
Values	Agaciro
Wisdom	Ubwenge

Exploration
Ubushakashatsi

Activity	Igikorwa
Animals	Inyamaswa
Courage	Ubutwari
Cultures	Umuco
Determination	Kumenya
Discovery	Kuganira
Distant	Gutandukanya
Excitement	Umunezero
Exhaustion	Umurimo
Hazards	Hazards
Language	Ururimi
New	Gishya
Perilous	Cyane
Quest	Ikibazo
Space	Umwanya
To Learn	Kwiga
Travel	Urugendo
Unknown	Ntibizi
Wild	Wild

Family
Umuryango

Ancestor	Ancestor
Aunt	Nyakubahwa
Brother	Muvandimwe
Childhood	Umwana
Children	Abana
Cousin	Inkingi
Daughter	Umukobwa
Father	Se
Grandchild	Grandchild
Grandfather	Umukunzi
Grandson	Grandson
Husband	Umugabo
Maternal	Bikurikira
Mother	Nyina
Nephew	Nephew
Niece	Niece
Paternal	Paternal
Sister	Mushikiwabo
Uncle	Uncle
Wife	Umugore

Farm #1
Isambu # 1

Agriculture	Ubuhinzi
Bee	Bee
Cat	Cat
Chicken	Inkoko
Cow	Inka
Crow	Inkoni
Dog	Imbwa
Donkey	Donkey
Fence	Urubuga
Fertilizer	Fertilizer
Field	Field
Flock	Flock
Goat	Ihene
Hay	Hay
Honey	Ubuki
Horse	Amafaranga
Pig	Ingurube
Rice	Rice
Seeds	Imbuto
Water	Amazi

Farm #2
Isambu # 2

Animals	Inyamaswa
Barley	Barley
Barn	Barn
Corn	Corn
Duck	Duck
Farmer	Umuhinzi
Food	Ibiryo
Fruit	Imbuto
Irrigation	Irrigation
Lamb	Lamb
Llama	Llama
Meadow	Inyuma
Milk	Amata
Orchard	Orchard
Sheep	Intama
Tractor	Umuyobozi
Wheat	Wheat

Fashion
Imyambarire

Affordable	Bikurikira
Boutique	Boutique
Buttons	Inkingi
Clothing	Imyenda
Comfortable	Byiza
Elegant	Amatora
Embroidery	Embroidery
Expensive	Cyane
Lace	Umurongo
Measurements	Ingingo
Minimalist	Minimalist
Modern	Modern
Modest	Cyiza
Original	Inkomoko
Practical	Gukora
Style	Inyigisho
Texture	Inyandiko
Trend	Inzira

Food #1
Ibiryo # 1

Apricot	Apricot
Barley	Barley
Basil	Basil
Carrot	Carrot
Cinnamon	Cinnamon
Garlic	Garlic
Juice	Ubutabera
Lemon	Indimu
Milk	Amata
Onion	Igitunguru
Peanut	Peanut
Pear	Pear
Salad	Salad
Salt	Umukiza
Soup	Isoko
Spinach	Spinach
Strawberry	Strawberry
Sugar	Sugar
Tuna	Tuna
Turnip	Turnip

Food #2
Ibiryo # 2

Apple	Bikurikira
Artichoke	Ingingo
Banana	Banana
Broccoli	Broccoli
Celery	Celery
Cheese	Cheese
Cherry	Cherry
Chicken	Inkoko
Chocolate	Hitamo
Egg	Egg
Eggplant	Eggplant
Fish	Amafi
Grape	Grape
Ham	Ham
Kiwi	Kiwi
Mushroom	Mushroom
Rice	Rice
Tomato	Tomato
Wheat	Wheat
Yogurt	Yogurt

Force and Gravity
Imbaraga na Rukuruzi

Axis	Axis
Center	Ikigo
Discovery	Kuganira
Distance	Gutandukanya
Dynamic	Ingoma
Expansion	Kugurisha
Friction	Imvugo
Magnetism	Magnetism
Mechanics	Mecaniki
Motion	Ingingo
Orbit	Orbit
Physics	Umubiri
Planets	Gahunda
Pressure	Itangazo
Properties	Umutungo
Speed	Umuvuduko
Time	Igihe
Universal	Kaminuza
Weight	Uburemere

Fruit
Imbuto

Apple	Bikurikira
Apricot	Apricot
Avocado	Avocado
Banana	Banana
Berry	Berry
Cherry	Cherry
Coconut	Koko
Fig	Fig
Grape	Grape
Guava	Guava
Kiwi	Kiwi
Lemon	Indimu
Mango	Mango
Melon	Melon
Nectarine	Nectarine
Papaya	Papaya
Peach	Amahoro
Pear	Pear
Pineapple	Inyuma
Raspberry	Raspberry

Gardening
Ubusitani

Botanical	Botaniki
Bouquet	Bouquet
Climate	Ikirere
Container	Kubona
Dirt	Dirt
Edible	Edible
Exotic	Exotic
Foliage	Foliage
Hose	Hose
Leaf	Kubona
Moisture	Urubuga
Orchard	Orchard
Seasonal	Seasonal
Seeds	Imbuto
Soil	Ubutaka
Species	Umwihariko
Water	Amazi

Geography
Ubumenyi Bw'Isi

Atlas	Atlas
City	Gisagara
Continent	Komeza
Country	Igihugu
Elevation	Amatora
Hemisphere	Hemisphere
Island	Islande
Latitude	Latitude
Map	Map
Meridian	Meridian
Mountain	Umusozi
North	Amajyaruguru
Ocean	Ocean
Region	Akarere
River	Urugo
Sea	Inyanja
South	Y'Amajyepfo
Territory	Territory
West	Cyiza
World	Isi

Geology
Ubumenyi bwa Geologiya

Acid	Acid
Calcium	Calcium
Cavern	Cavern
Continent	Komeza
Coral	Koral
Crystals	Crystals
Earthquake	Isi
Erosion	Isosi
Fossil	Fossil
Geyser	Geyser
Lava	Lava
Layer	Umuryango
Plateau	Plateau
Quartz	Quartz
Salt	Umukiza
Stalactite	Stalactite
Stalagmites	Stalagmites
Stone	Kibuye
Volcano	Volcano

Geometry
Geometrie

Angle	Angle
Calculation	Kubara
Circle	Circle
Curve	Umutima
Diameter	Diameter
Dimension	Dimension
Equation	Ibikorwa
Height	Uburebure
Horizontal	Horizontal
Logic	Logiki
Mass	Mass
Number	Umubare
Parallel	Parallel
Proportion	Umutungo
Segment	Ingingo
Surface	Umutekano
Symmetry	Symmetry
Theory	Inkuru
Triangle	Inyuma
Vertical	Vertical

Government
Guverinoma

Citizenship	Abanyarwanda
Civil	Civil
Constitution	Amategeko
Democracy	Demokarasi
Discussion	Ikiganiro
Dissent	Bitandukanye
Equality	Uburinganire
Independence	Ubwigenge
Judicial	Urubanza
Justice	Ubutabera
Law	Itegeko
Leader	Umuyobozi
Liberty	Ubuntu
Monument	Ukwezi
Nation	Igihugu
Peaceful	Amahoro
Politics	Politiki
Speech	Ijambo
State	Leta
Symbol	Symbol

Health and Wellness #1
Ubuzima Nubuzima Bwiza

Active	Igikorwa
Bacteria	Bacteria
Bones	Amagufwa
Clinic	Clinic
Doctor	Muganga
Fracture	Umuryango
Habit	Habit
Height	Uburebure
Hormones	Hormones
Hunger	Umuhigo
Injury	Kubeshya
Medicine	Ubuvuzi
Muscles	Umuziki
Pharmacy	Farumasi
Reflex	Kugaragaza
Relaxation	Imikoranire
Skin	Indwara
Therapy	Therapy
Treatment	Umuti
Virus	Virus

Health and Wellness #2
Ubuzima Nubuzima Bwiza

Allergy	Allergy
Anatomy	Anatomy
Appetite	Appetite
Blood	Amaraso
Calorie	Calorie
Dehydration	Dehydration
Diet	Diet
Disease	Indwara
Energy	Energy
Genetics	Amasoko
Healthy	Ubuzima
Hospital	Ibitaro
Hygiene	Hygiene
Infection	Infection
Massage	Massage
Nutrition	Nutrition
Recovery	Gukurikira
Stress	Stress
Vitamin	Vitamin
Weight	Uburemere

Herbalism
Ibimera

Aromatic	Aromatique
Basil	Basil
Beneficial	Inyungu
Culinary	Culinary
Fennel	Fennel
Flower	Ururimi
Garden	Garden
Garlic	Garlic
Green	Green
Ingredient	Ingredient
Lavender	Umukunzi
Marjoram	Marjoram
Mint	Mint
Oregano	Oregano
Parsley	Parsley
Plant	Guhinga
Quality	Umuntu
Rosemary	Rosemary
Saffron	Umukozi
Tarragon	Tarragon

Hiking
Gutembera

Animals	Inyamaswa
Boots	Inkoko
Cliff	Umukono
Climate	Ikirere
Guides	Amabwiriza
Hazards	Hazards
Heavy	Ijuru
Map	Map
Mountain	Umusozi
Nature	Koko
Orientation	Icyerekezo
Preparation	Itegure
Stones	Amabuye
Summit	Incamake
Sun	Izuba
Tired	Umunani
Water	Amazi
Weather	Inyuma
Wild	Wild

House
Inzu

Attic	Attic
Basement	Shingiro
Broom	Umukono
Door	Urugero
Fence	Urubuga
Fireplace	Umuriro
Floor	Ijambo
Furniture	Furniture
Garage	Garage
Garden	Garden
Keys	Ingingo
Kitchen	Kitchen
Lamp	Itara
Library	Isomo
Mirror	Mirror
Roof	Urugo
Room	Icyumweru
Shower	Shower
Wall	Urugendo
Window	Window

Human Body
Umubiri W'Umuntu

Ankle	Ankle
Blood	Amaraso
Bones	Amagufwa
Brain	Ubwonko
Chin	Umushinwa
Ear	Amatwi
Elbow	Elbow
Face	Ukuri
Finger	Urutoki
Hand	Ukuboko
Head	Umutwe
Heart	Umutima
Jaw	Jaw
Knee	Knee
Leg	Leg
Mouth	Ukwezi
Neck	Neck
Nose	Izuru
Shoulder	Shoulder
Skin	Indwara

Insects
Udukoko

Ant	Ant
Aphid	Aphid
Bee	Bee
Beetle	Inyuma
Butterfly	Cyane
Cicada	Cicada
Cockroach	Inkoko
Flea	Flea
Grasshopper	Grasshopper
Ladybug	Ladybug
Larva	Larva
Mantis	Mantis
Mosquito	Mosquito
Moth	Nyina
Termite	Termite
Wasp	Wasp
Worm	Akazi

Jazz
Jazz

Album	Album
Applause	Amasezerano
Artist	Umuhanzi
Composer	Umurimo
Composition	Umuryango
Concert	Concert
Drums	Ingoma
Famous	Famous
Favorites	Ukunda
Improvisation	Guteza Imbere
Influences	Ingaruka
Music	Umuziki
New	Gishya
Old	Kera
Orchestra	Orchestra
Rhythm	Inyuma
Song	Indirimbo
Style	Inyigisho
Talent	Talent
Technique	Tekiniki

Landscapes
Ahantu Nyaburanga

Beach	Beach
Cave	Cave
Desert	Desert
Geyser	Geyser
Glacier	Umuntu
Hill	Hill
Iceberg	Iceberg
Island	Islande
Lake	Ikiyaga
Mountain	Umusozi
Oasis	Oasis
Ocean	Ocean
Peninsula	Peninsula
River	Urugo
Sea	Inyanja
Swamp	Swamp
Tundra	Tundra
Valley	Valley
Volcano	Volcano
Waterfall	Amazi

Literature
Ubuvanganzo

Analysis	Gusesengura
Anecdote	Anecdote
Author	Umwanditsi
Biography	Biografiya
Comparison	Gereranya
Conclusion	Umwanzuro
Description	Gusobanurira
Dialogue	Dialogue
Fiction	Imigani
Metaphor	Metaphor
Novel	Novel
Opinion	Igitekerezo
Poem	Ingingo
Poetic	Umusizi
Rhyme	Rhyme
Rhythm	Inyuma
Style	Inyigisho
Tragedy	Amagara

Mammals
Inyamaswa Z'inyamabere

Bear	Inyuma
Beaver	Cyiza
Bull	Bull
Cat	Cat
Coyote	Coyote
Dog	Imbwa
Dolphin	Dolphin
Elephant	Intore
Fox	Ingingo
Giraffe	Giraffe
Gorilla	Gorilla
Horse	Amafaranga
Kangaroo	Kangaroo
Lion	Intare
Monkey	Monkey
Rabbit	Urukoko
Sheep	Intama
Whale	Whale
Wolf	Impyisi
Zebra	Zebra

Math
Imibare

Arithmetic	Arithmetic
Circumference	Circumference
Decimal	Icyemezo
Diameter	Diameter
Equation	Ibikorwa
Exponent	Cyane
Fraction	Umuryango
Geometry	Geometry
Numbers	Umubare
Parallel	Parallel
Parallelogram	Parallelogram
Perimeter	Perimeter
Polygon	Polygon
Rectangle	Urugendo
Sphere	Aho
Symmetry	Symmetry
Triangle	Inyuma
Volume	Umubumbe

Measurements
Ibipimo

Byte	Byte
Centimeter	Centimeter
Decimal	Icyemezo
Depth	Depth
Gram	Gram
Height	Uburebure
Inch	Inch
Kilogram	Kilogram
Kilometer	Kilometer
Length	Uburenganzira
Liter	Umwanditsi
Mass	Mass
Minute	Minute
Ounce	Ounce
Ton	Ton
Volume	Umubumbe
Weight	Uburemere
Width	Ubugingo

Meditation
Gutekereza

Acceptance	Ukwemera
Attention	Icyitonderwa
Awake	Kanguka
Breathing	Guhumba
Calm	Hamagara
Clarity	Ubufatanye
Compassion	Kugaragaza
Gratitude	Gratitude
Habits	Ingingo
Kindness	Ubugwaneza
Mental	Mutekerezo
Mind	Tekereza
Movement	Ingendo
Music	Umuziki
Nature	Koko
Peace	Amahoro
Perspective	Umuntu
Silence	Guceceka
Thoughts	Ibitekerezo
To Learn	Kwiga

Music
Umuziki

Album	Album
Ballad	Ballad
Chorus	Chorus
Classical	Umuryango
Eclectic	Uburyo
Harmonic	Harmonique
Harmony	Harmony
Improvise	Shaka
Instrument	Amabwiriza
Lyrical	Lyrical
Melody	Melody
Microphone	Microphone
Musician	Umuziki
Opera	Opera
Poetic	Umusizi
Recording	Icyanditswe
Rhythmic	Inyuma
Sing	Indirimbo
Singer	Umuririmbyi
Vocal	Ijwi

Musical Instruments
Ibikoresho bya Muzika

Banjo	Banjo
Bassoon	Bassoon
Cello	Cello
Clarinet	Clarinet
Drum	Ingoma
Drumsticks	Ingingo
Flute	Umuryango
Gong	Indirimbo
Guitar	Guitar
Harp	Harp
Mandolin	Mandolin
Marimba	Marimba
Oboe	Oboe
Piano	Piano
Saxophone	Saxophone
Tambourine	Tambourine
Trombone	Trombone
Trumpet	Trumpet
Violin	Violin

Mythology
Umugani

Archetype	Archetype
Behavior	Imyitwarire
Beliefs	Ukwizera
Creation	Icyaremwe
Creature	Icyemezo
Culture	Umuco
Disaster	Ingaruka
Heaven	Ijuru
Hero	Intwari
Immortality	Akamaro
Jealousy	Jealousy
Labyrinth	Labyrinth
Legend	Legend
Lightning	Urumuri
Monster	Ukwezi
Mortal	Mortal
Revenge	Kwihorera
Strength	Imbaraga
Thunder	Inkuba
Warrior	Intambara

Nature
Kamere

Animals	Inyamaswa
Arctic	Ingingo
Beauty	Byiza
Bees	Inzuki
Cliffs	Amafaranga
Clouds	Amasoko
Desert	Desert
Dynamic	Ingoma
Erosion	Isosi
Fog	Fog
Foliage	Foliage
Forest	Ishyamba
Glacier	Umuntu
Mountains	Imisozi
Peaceful	Amahoro
River	Urugo
Sanctuary	Mutarama
Serene	Serene
Tropical	Tropical
Wild	Wild

Nutrition
Imirire

Appetite	Appetite
Balanced	Balanced
Bitter	Byiza
Calories	Calories
Carbohydrates	Carbohydrates
Diet	Diet
Digestion	Inyigisho
Edible	Edible
Fermentation	Fermentation
Flavor	Umukunzi
Habits	Ingingo
Health	Ubuzima
Nutrient	Nutrient
Proteins	Proteins
Quality	Umuntu
Sauce	Sauce
Spices	Umuvugizi
Toxin	Toxin
Vitamin	Vitamin
Weight	Uburemere

Ocean
Inyanja

Boat	Ubwato
Coral	Koral
Crab	Crab
Dolphin	Dolphin
Eel	Eel
Fish	Amafi
Jellyfish	Jellyfish
Octopus	Octopus
Oyster	Oyster
Reef	Ref
Salt	Umukiza
Seaweed	Inyanja
Shark	Shark
Shrimp	Shrimp
Sponge	Umuvugizi
Storm	Inkuru
Tuna	Tuna
Turtle	Turtle
Waves	Imiraba
Whale	Whale

Pets
Ibikoko Bitungwa

Cat	Cat
Claws	Inkingi
Collar	Umukozi
Cow	Inka
Dog	Imbwa
Fish	Amafi
Food	Ibiryo
Goat	Ihene
Hamster	Hamster
Lizard	Lizard
Mouse	Mouse
Parrot	Parrot
Puppy	Puppy
Rabbit	Urukoko
Tail	Umurongo
Turtle	Turtle
Veterinarian	Veterinarian
Water	Amazi

Photography
Gufotora

Black	Umukara
Camera	Camera
Color	Amabara
Composition	Umuryango
Contrast	Amasezerano
Darkness	Umwijima
Definition	Bisobanuro
Format	Format
Lighting	Urumuri
Object	Intego
Perspective	Umuntu
Portrait	Portrait
Shadows	Igicucu
Soften	Cyiza
Subject	Ingingo
Texture	Inyandiko
View	Reba
Visual	Visual

Physics
Fizika

Acceleration	Umwanzuro
Atom	Atom
Chaos	Chaos
Chemical	Chimical
Density	Density
Electron	Electron
Engine	Engine
Expansion	Kugurisha
Formula	Formula
Frequency	Kubuntu
Gas	Gas
Magnetism	Magnetism
Mass	Mass
Mechanics	Mecaniki
Molecule	Molecule
Nuclear	Nuclear
Particle	Uruhare
Relativity	Umubano
Universal	Kaminuza
Velocity	Umuvuduko

Plants
Ibimera

Bamboo	Bamboo
Bean	Igishyimbo
Berry	Berry
Botany	Botany
Bush	Bush
Cactus	Cactus
Fertilizer	Fertilizer
Flora	Flora
Flower	Ururimi
Foliage	Foliage
Forest	Ishyamba
Garden	Garden
Grass	Grass
Ivy	Ivy
Moss	Moss
Petal	Petal
Root	Umuti
Stem	Intambwe
Tree	Tree
Vegetation	Vegetation

Politics
Politiki

Activist	Igikorwa
Campaign	Campaign
Candidate	Umukandida
Choice	Hitamo
Committee	Komite
Council	Inama
Equality	Uburinganire
Ethics	Imyitozo
Freedom	Ubuntu
Government	Leta
National	Igihugu
Opinion	Igitekerezo
Policy	Politiki
Popularity	Abaturage
Strategy	Strategy
Taxes	Imisoro
Victory	Intsinzi

Professions #1
Imyuga # 1

Ambassador	Ambassador
Astronomer	Astronomer
Attorney	Attorney
Banker	Banker
Cartographer	Umukunzi
Coach	Umutoza
Dancer	Umubyino
Doctor	Muganga
Editor	Umwanditsi
Geologist	Geologist
Hunter	Umuhigo
Jeweler	Jeweler
Musician	Umuziki
Nurse	Umuforomo
Pianist	Pianist
Plumber	Plumber
Psychologist	Psychologist
Sailor	Umusare
Tailor	Umukozi
Veterinarian	Veterinarian

Professions #2
Imyuga # 2

Astronaut	Astronaut
Biologist	Biologist
Dentist	Dentist
Detective	Umwanzuro
Engineer	Engineer
Farmer	Umuhinzi
Gardener	Gardener
Illustrator	Umugani
Inventor	Umushinga
Journalist	Umunyamakuru
Librarian	Bibiliya
Linguist	Ururimi
Painter	Irangi
Philosopher	Umukunzi
Photographer	Ifoto
Physician	Umubiri
Pilot	Pilot
Surgeon	Surgeon
Teacher	Umwarimu
Zoologist	Zoologist

Psychology
Imitekerereze

Appointment	Umushinga
Assessment	Isuzuma
Behavior	Imyitwarire
Childhood	Umwana
Clinical	Clinical
Conflict	Kuganira
Dreams	Inzozi
Ego	Ego
Experiences	Uburyo
Influences	Ingaruka
Memories	Kwibuka
Perception	Kubona
Personality	Umuntu
Problem	Ikibazo
Reality	Ukuri
Subconscious	Subconscious
Therapy	Therapy
Thoughts	Ibitekerezo
Unconscious	Ntibisanzwe

Rainforest
Ishyamba

Birds	Inyoni
Botanical	Botaniki
Climate	Ikirere
Clouds	Amasoko
Community	Abaturage
Diversity	Gutandukanya
Insects	Inkingi
Jungle	Ishyaka
Mammals	Inyamaswa
Moss	Moss
Nature	Koko
Preservation	Gukingira
Refuge	Guhunga
Respect	Kubaha
Restoration	Kugaruka
Species	Umwihariko
Survival	Gukiza
Valuable	Agaciro

Restaurant #1
Restaurant # 1

Allergy	Allergy
Bowl	Bowl
Bread	Umukono
Chicken	Inkoko
Coffee	Amafaranga
Dessert	Ubutayu
Food	Ibiryo
Ingredients	Ingredients
Kitchen	Kitchen
Knife	Knife
Meat	Inyama
Menu	Menu
Napkin	Napkin
Plate	Urupapuro
Reservation	Gukiza
Sauce	Sauce
Spicy	Spicy
Waitress	Gutegereza

Safety
Umutekano

Caution	Icyitonderwa
Detective	Umwanzuro
Education	Uburezi
Event	Igikorwa
Evidence	Ibimenyetso
Hazard	Hazard
Hero	Intwari
Incident	Incident
Instincts	Instincts
Insurance	Ubwishingizi
Investigate	Gushaka
Legal	Amategeko
Official	Umukozi
Police	Polisi
Risks	Ingaruka
Security	Umutekano
Strategy	Strategy

Science
Ubumenyi

Atom	Atom
Chemical	Chimical
Climate	Ikirere
Evolution	Evolution
Experiment	Umwitozo
Fact	Ukuri
Fossil	Fossil
Hypothesis	Hypothesis
Laboratory	Laboratory
Method	Uburyo
Molecules	Molecules
Nature	Koko
Observation	Kubona
Organism	Umuryango
Particles	Uruhare
Physics	Umubiri
Plants	Gahunda
Scientist	Scientist

Science Fiction
Ibihimbano bya Siyansi

Atomic	Atomic
Books	Ibitabo
Chemicals	Chimicals
Cinema	Cinema
Distant	Gutandukanya
Dystopia	Dystopiya
Explosion	Gusobanurira
Extreme	Cyane
Fantastic	Umukunzi
Fire	Umuriro
Futuristic	Futuristic
Galaxy	Galaxy
Illusion	Urugero
Imaginary	Tekereza
Mysterious	Amabwiriza
Oracle	Oracle
Planet	Gahunda
Technology	Tekinologiya
Utopia	Utopia
World	Isi

Scientific Disciplines
Indero ya Siyansi

Anatomy	Anatomy
Archaeology	Archeologiya
Astronomy	Astronomy
Biochemistry	Biochemistry
Biology	Biologiya
Botany	Botany
Chemistry	Chemistry
Ecology	Ubukungu
Geology	Geologiya
Immunology	Immunology
Kinesiology	Kinesiology
Linguistics	Ururimi
Mechanics	Mecaniki
Meteorology	Meteorology
Mineralogy	Mineralogy
Neurology	Neurology
Physiology	Fisiologiya
Psychology	Psychologiya
Sociology	Sosiologiya
Zoology	Zoology

Shapes
Imiterere

Arc	Arc
Circle	Circle
Cone	Cone
Corner	Corner
Cube	Cube
Curve	Umutima
Cylinder	Cylinder
Ellipse	Ellipse
Hyperbola	Hyperbola
Line	Umurongo
Oval	Oval
Polygon	Polygon
Prism	Prism
Pyramid	Pyramid
Rectangle	Urugendo
Round	Inzira
Side	Urubuga
Sphere	Aho
Triangle	Inyuma

Spices
Ibirungo

Anise	Anise
Bitter	Byiza
Cardamom	Cardamom
Cinnamon	Cinnamon
Clove	Urukundo
Coriander	Coriander
Cumin	Cumin
Curry	Curry
Fennel	Fennel
Flavor	Umukunzi
Garlic	Garlic
Ginger	Ginger
Nutmeg	Nutmeg
Onion	Igitunguru
Paprika	Paprika
Pepper	Urusenda
Saffron	Umukozi
Salt	Umukiza
Sweet	Kunyaza
Vanilla	Vanilla

The Company
Isosiyete

Business	Business
Creative	Irema
Decision	Icyemezo
Employment	Akazi
Industry	Uruganda
Innovative	Innovative
Investment	Umushinga
Possibility	Bishoboka
Presentation	Kubona
Product	Umusaruro
Professional	Umwuga
Progress	Iterambere
Quality	Umuntu
Reputation	Reputation
Resources	Umutungo
Risks	Ingaruka
Trends	Inzira

The Media
Itangazamakuru

Attitudes	Ingingo
Commercial	Ubucuruzi
Communication	Gushyikirana
Digital	Digital
Edition	Itora
Education	Uburezi
Facts	Ukuri
Funding	Amafaranga
Images	Amashusho
Individual	Umuntu
Industry	Uruganda
Intellectual	Intellectual
Local	Akarere
Network	Network
Newspapers	Amakuru
Online	Kumurongo
Opinion	Igitekerezo
Photos	Amafoto
Public	Mu Ruhame
Radio	Radio

Time
Igihe

Before	Mbere
Calendar	Calendar
Century	Ikinyejana
Clock	Isoko
Day	Umunsi
Decade	Icyemezo
Early	Kera
Future	Ejo Hazaza
Hour	Isaha
Minute	Minute
Month	Ukwezi
Morning	Mugitondo
Night	Ijoro
Noon	Umuntu
Now	Nonaha
Soon	Vuba
Today	Uyu Munsi
Week	Icyumweru
Year	Umwaka
Yesterday	Ejo

Town
Umujyi

Airport	Indege
Bakery	Bakery
Bank	Bank
Bookstore	Igitabo
Cinema	Cinema
Clinic	Clinic
Florist	Florist
Gallery	Gallery
Hotel	Hotel
Library	Isomo
Market	Isoko
Museum	Museum
Pharmacy	Farumasi
School	Ishuri
Stadium	Stadium
Store	Ububiko
Supermarket	Supermarket
Theater	Ikinamico
University	Kaminuza
Zoo	Zoo

Universe
Isanzure

Asteroid	Asteroid
Astronomer	Astronomer
Astronomy	Astronomy
Atmosphere	Atmosphere
Cosmic	Cosmic
Darkness	Umwijima
Galaxy	Galaxy
Hemisphere	Hemisphere
Horizon	Horizon
Latitude	Latitude
Longitude	Ururimi
Moon	Ukwezi
Orbit	Orbit
Sky	Sky
Solar	Solar
Solstice	Solstice
Telescope	Telescope
Visible	Kubona
Zodiac	Zodiac

Vacation #2
Ikiruhuko # 2

Airport	Indege
Beach	Beach
Destination	Destination
Foreigner	Amahanga
Holiday	Umunsi Mukuru
Hotel	Hotel
Island	Islande
Journey	Urugendo
Leisure	Imyitozo
Map	Map
Mountains	Imisozi
Passport	Passport
Reservations	Kubona
Restaurant	Restaurant
Sea	Inyanja
Taxi	Umusoro
Tent	Ihema
Train	Amahugurwa
Transportation	Gutwara
Visa	Visa

Vegetables
Imboga

Artichoke	Ingingo
Broccoli	Broccoli
Carrot	Carrot
Cauliflower	Umukunzi
Celery	Celery
Cucumber	Cucumber
Eggplant	Eggplant
Garlic	Garlic
Ginger	Ginger
Mushroom	Mushroom
Onion	Igitunguru
Parsley	Parsley
Pea	Pea
Pumpkin	Pumpkin
Radish	Radish
Salad	Salad
Shallot	Shallot
Spinach	Spinach
Tomato	Tomato
Turnip	Turnip

Vehicles
Ibinyabiziga

Airplane	Indege
Bicycle	Bicycle
Boat	Ubwato
Car	Imodoka
Caravan	Caravan
Engine	Engine
Ferry	Ferry
Helicopter	Umufasha
Motor	Motor
Raft	Raft
Rocket	Urukoko
Scooter	Umukunzi
Submarine	Submarine
Subway	Subway
Taxi	Umusoro
Tires	Tires
Tractor	Umuyobozi
Train	Amahugurwa
Truck	Truck

Visual Arts
Ubuhanzi Bugaragara

Architecture	Architecture
Artist	Umuhanzi
Chalk	Kuganira
Charcoal	Inkingi
Clay	Ibumba
Composition	Umuryango
Creativity	Kurema
Easel	Easel
Film	Film
Masterpiece	Masterpiece
Painting	Kubona
Pencil	Ikaramu
Perspective	Umuntu
Photograph	Amafoto
Portrait	Portrait
Sculpture	Amasomo
Wax	Wax

Water
Amazi

Drinkable	Kunywa
Evaporation	Umurimo
Flood	Umwuka
Frost	Amafaranga
Geyser	Geyser
Humidity	Ubuntu
Hurricane	Hurricane
Ice	Ice
Irrigation	Irrigation
Lake	Ikiyaga
Moisture	Urubuga
Monsoon	Ukwezi
Ocean	Ocean
Rain	Imvura
River	Urugo
Shower	Shower
Snow	Snow
Soaked	Bikurikira
Steam	Inkingi
Waves	Imiraba

Weather
Ikirere

Atmosphere	Atmosphere
Breeze	Breeze
Climate	Ikirere
Cloud	Umwanzuro
Drought	Kunywa
Dry	Kumuka
Fog	Fog
Hurricane	Hurricane
Ice	Ice
Lightning	Urumuri
Monsoon	Ukwezi
Polar	Polar
Rainbow	Imvura
Sky	Sky
Storm	Inkuru
Temperature	Akarere
Thunder	Inkuba
Tornado	Tornado
Tropical	Tropical
Wind	Wind

Congratulations

You made it!

We hope you enjoyed this book as much as we enjoyed making it. We do our best to make high quality games.
These puzzles are designed in a clever way for you to learn actively while having fun!

Did you love them?

A Simple Request

Our books exist thanks your reviews. Could you help us by leaving one now?

Here is a short link which will take you to your order review page:

BestBooksActivity.com/Review50

MONSTER CHALLENGE!

Challenge #1

Ready for Your Bonus Game? We use them all the time but they are not so easy to find. Here are **Synonyms**!

Note 5 words you discovered in each of the Puzzles noted below (#21, #36, #76) and try to find 2 synonyms for each word.

Note 5 Words from *Puzzle 21*

Words	Synonym 1	Synonym 2

Note 5 Words from *Puzzle 36*

Words	Synonym 1	Synonym 2

Note 5 Words from *Puzzle 76*

Words	Synonym 1	Synonym 2

Challenge #2

Now that you are warmed-up, note 5 words you discovered in each Puzzle noted below (#9, #17, #25) and try to find 2 antonyms for each word. How many lines can you do in 20 minutes?

Note 5 Words from **Puzzle 9**

Words	Antonym 1	Antonym 2

Note 5 Words from **Puzzle 17**

Words	Antonym 1	Antonym 2

Note 5 Words from **Puzzle 25**

Words	Antonym 1	Antonym 2

Challenge #3

Wonderful, this monster challenge is nothing to you!

Ready for the last one? Choose your 10 favorite words discovered in any of the Puzzles and note them below.

1.	6.
2.	7.
3.	8.
4.	9.
5.	10.

Now, using these words and within a maximum of six sentences, your challenge is to compose a text about a person, animal or place that you love!

Tip: You can use the last blank page of this book as a draft!

Your Writing:

Explore a Unique Store
Set Up **FOR YOU!**

MEGA DEALS

BestActivityBooks.com/TheStore

Designed for Entertainment!

Light Up Your Brain With Unique **Gift Ideas**.

Access **Surprising** And **Essential Supplies!**

CHECK OUT OUR MONTHLY SELECTION NOW!

- Expertly Crafted Products -

NOTEBOOK:

SEE YOU SOON!

Linguas Classics Team

BESTACTIVITYBOOKS.COM/FREEGAMES